Noirs Paradis

DU MÊME AUTEUR

Aux Éditions La Découverte

Bamalama, 1995
Le Creux de l'oubli, 1992

Rosa Liksom

Noirs Paradis

Nouvelles

Traduit du finnois par Anne Papart

LE SERPENT A PLUMES

Collection Motifs
dirigée par Pierre Bisiou

Première publication française aux éditions La Découverte,
dans la collection dirigée par Fanchita Gonzalez Batlle

MOTIFS n° 130

Première publication: VSOY, Helsinki, 1989,
sous le titre original *Tyhjän tien Paratiisit*

N° ISBN: 2-84261-268-X

LE SERPENT A PLUMES

20, rue des Petits-Champs – 75002 Paris
http://www.serpentaplumes.com

À PROPOS DE L'AUTEUR

De son vrai nom, Anni Tylävaara, Rosa Liksom est née en Finlande en 1958. Elle étudie l'anthropologie en Finlande et au Danemark, puis les sciences sociales à Moscou.

Depuis 1986 elle se consacre à ses expositions – installations, peintures – et à la littérature. Elle a publié trois recueils de nouvelles et deux romans.

Société

T'AS PAS CENT BALLES. Laisse tomber. Tu t'imagines, ça faisait même pas seize jours que j'étais à Linnanmäki et ils m'ont foutu dehors, les salauds, plein milieu de la nuit. Ici, nous les taulards, on sait bien qu'on est à fond de cale. Tu te tords les méninges, mais tu sais bien que t'as pas un rond à toi, pas de quoi te payer le bus ou le taxi, même pas un jet à toi tout seul. Les vaches. Je suis down, complètement rétamé. Point final. Pas de carte de crédit, pas un dollar, pas une clope. Allez vous faire foutre. Regarde, les fumiers, ils m'ont tout pris: mon couteau, mes épingles à nourrice, mon ouvre-bouteille, mon paquet de clopes. Ça, c'est encore rien, le pire, c'est qu'ils m'ont piqué mon cachet-tampon, ils me le paieront, les salauds. Ça, ils auraient pas dû. C'était mon trésor. Avec tout le boulot que ça m'a donné pour l'avoir, ce foutu tampon, et ils me l'ont fait sauter, ces fumiers. Je me le suis bien astiqué pendant neuf mois à la maison d'arrêt de Katajanokka, pour me le faire piquer comme ça. Tu peux pas savoir, ça m'a foutu un coup, j'avais le cœur en boule tellement ça me battait le sang quand le flic m'a vidé les poches et me l'a foutu à la poubelle. Mon trésor aux ordures. J'attends un peu et je vois arriver une bonne femme qui vient faire les poubelles justement. Et elle me l'embarque Dieu sait où. Je crois que j'ai jamais autant flippé de toute ma vie. L'angoisse. Mon tampon que j'avais eu pendant neuf mois directement aux ordures. La vache. C'est une saloperie, votre monde, vous nous faites pas de cadeaux. Fumiers. Vous la bousillez, la vie, comme si j'étais un assassin ou quoi. J'ai jamais tué personne, j'ai jamais touché un chat même, c'est vrai, je vous jure. Je peux pas piger ça qu'on me garde ici dans ce trou. Ça fait déjà seize jours que je moisis ici et ils ont même pas été foutus de me faire un interrogatoire. Pour une fois que dans ma saloperie de vie j'avais quelque chose de vraiment à moi. Mon tampon, c'est ma vie. C'est tout pour moi. C'est mon œuvre d'art. C'est le pied, quoi. Un truc génial. C'est pas tout le monde qui peut penser un truc pareil. Vous pouvez vous le prendre dans la gueule. C'est super. Je sais ce que je dis. I am perfect. Point final. Comme ça tu te le rentres dans le crâne, je peux te le dire, un truc comme ça, c'est de l'art. OK, je me le suis fait chouraver. Seize jours que je pourris dans leur saloperie de taule. Si au moins ils me l'avaient rendu, mon tampon, je peux pas avaler ça qu'ils me l'aient chopé. Sales flics. Mon tampon. Mon amour, mon trésor, ma tendresse, ma force. Et je suis là à moisir sur cette colline, au fond de ce trou, rien d'autre à foutre que de se mater le trou du cul, dans cette saloperie de taule de Pasila, ils m'ont foutu au trou et je pourrai pas m'en sortir. Il faut absolument que je récupère mon tampon. Je partirai pas avant. Il faut qu'ils me le rendent. Sinon, ils vont voir, je me mets à la vitre et je leur fous une telle trouille, je leur fais une de ces guerres comme ils en ont jamais vu et s'ils comprennent pas, je reste là, je bronche pas. Comme une barre de fer. Faudra qu'ils me le rendent, mon tampon. J'attendrai. Je les lâcherai pas, jusqu'à ce qu'ils me le rendent. C'est mon truc. Ils ont qu'à fouiller toutes les poubelles s'ils veulent, jusqu'à la décharge de Kulosaari. C'est pas mes oignons. Les fumiers. Je m'attacherai avec une corde à leur saloperie de radiateur si c'est ça qu'ils veulent et je me traînerai avec. J'attendrai le temps qu'il faut. Ils finiront bien par me le rendre, mon tampon. C'est tout. Je les supplierai même à genoux, je demanderai grâce. Je ferai tout ce qu'ils veulent. C'est pour mon tampon, tu comprends. Et si jamais ils ont bousillé mon chef-d'œuvre, mon art design, ils me le paieront. C'est mon invention à moi et puis ils ont qu'à m'en trouver un autre, en prendre un chez un autre toubib, je m'en fous. Je me laisserai pas avoir, moi, bande de salauds, vous pigez pas, c'est mon amour, rien qu'à moi. S'il y en a qui sont pas prêts à se battre pour ce qu'ils ont de plus cher au monde, c'est leur affaire. Moi, je suis pas un dégonflé. Je les lâcherai pas. Il faudra qu'ils me passent sur le corps, un point c'est tout. Je me laisserai marcher dessus jusqu'à en crever, mais je l'aurai, je te dis, mon tampon. That's my choice. Moi je leur rentre dedans, inside les mecs, compris, et out the key, je leur vire leur radiateur et moi avec. Foutus salauds, je leur arrache la gueule tellement je crie: rendez-moi mon tampon, foutus salauds de fumier, sales flics. Je téléphonerai aux journaux, ils me feront la une, plein dans la gueule, noir sur blanc, la guerre d'un homme contre toutes ces ordures de flics de Pasila, je vous ferai la peau, bande d'abrutis, je vous descendrai tous, sales flics, vous et votre sale taule, je vous ferai la guerre à mort. Je vous montrerai, moi, fumiers, qu'on est des mecs, pas des couilles molles. Nous les taulards, on est pas des vendus, on est prêts à se battre jusqu'au dernier souffle. Je suis pas n'importe quel branleur, vous voulez que je vous montre ce que c'est un mec qui bande, tas de dégonflés. Moi, je sais faire l'amour, mais eux, ils savent pas baiser une gonzesse, ils pigent pas l'amour. Savent même pas ce que ça veut dire. Le sentiment. Mon amour, mon tampon, on a été si bien tous les deux, ça a duré longtemps. C'était chouette. Bon, parfois c'était pas la frite, down les mecs. Mais on a plané aussi, c'est vrai, pouvez pas savoir, le super-pied, personne peut se payer ça en Finlande. Y a que les mecs des bandes des années soixante, les yankees, peut-être un peu, mais plus maintenant. On connaît plus. Plus jamais on pourra vivre ça. Plus jamais. Et maintenant, je me retrouve tout seul. Je vais crever, c'est pas une vie. Mon tampon, je peux pas vivre sans lui. Arrêtez ou je vous fais tous sauter la gueule, je vous foutrai le dos au mur, sales flics, ils m'ont balancé mon tampon. Je vais m'acheter un foutu flingue même à Stockmann s'il faut et je vous tire tous dans la gueule, je vous descends la tête de Runeberg comme un rien, faites gaffe. Ça me brûle les doigts. Je vais tous les descendre. Mon amour, mon tampon à moi, je suis foutu, je tombe à zéro, c'est l'enfer, les mecs, si vous me le rendez pas. Merde, je tombe, je vais crever sans toi, mon tampon, je vais me laisser pourrir sur place. Ici sur la colline. Je meurs. Mais je vais hurler à mourir que c'est le plus beau truc du monde, mon tampon. C'est mes dernières forces. Je vais vous dire le mot le plus beau. C'est sacré. Je l'avais gravé sur le tampon. Ce mot il m'a fait vivre dans votre saloperie de monde qui vaut que dalle. Valium. Et la phrase la plus belle : K. Vesterinen, médecin, Centre médical Mannerheimintie. Je vous en ai foutu des centaines d'ordonnances, fausses, tout ça pour ma gueule. Valium. Je te branche. Mon générateur. À fond la caisse. Valium. Tu es tombé à zéro. Je te prends dans ma main. Je suis à toi. À jamais.

C'EST MON VIEUX qui a acheté l'appart à Eira pour une brique. Voilà: on était pas d'accord question hygiène. C'était quand j'habitais encore à Haukilahti. Il y avait de la poussière partout. C'était pas possible de vivre dans une saleté pareille, vous pouvez pas vous imaginer l'état dans lequel c'était, surtout la salle de bains. À chaque fois fallait que je la désinfecte partout. Pas moyen de faire autrement. Je pouvais jamais me poser sur la cuvette: fallait toujours mettre d'abord une protection stérile dessus. On passait notre vie à se disputer. Mon vieux a pris la décision: il a acheté l'appart. C'est chic, propre, les pièces sont vachement belles, c'est dingue comme elles sont hautes. Tout refait à neuf. J'ai quitté la maison et j'ai poussé un soupir de soulagement! Finies les journées passées à tout nettoyer! Mais au bout du deuxième jour que j'étais dans mon appart, j'ai commencé à penser, je pouvais plus m'ôter cette idée de la tête que celui qui vivait là avant moi, c'était sûrement un homo. J'ai acheté du produit désinfectant correct, et j'ai astiqué tant que j'ai pu tout l'appart. Trois semaines j'ai trimé, c'était dingue, dans ce foutu carré. J'ai tout exploré avec une allumette, les joints, les plinthes, les baguettes, tout. À la fin c'était rudement propre. Vraiment propre. J'ai commencé à penser que je pourrais essayer de trouver du boulot. J'ai mijoté tout ça dans ma tête pendant deux jours : qu'est-ce que j'aimerais faire comme boulot. Tout d'un coup, j'ai flairé quelque chose de pas normal : c'était dingue la suie qu'il pouvait y avoir sur le rebord des fenêtres, avec toute la pollution qu'on se ramasse à l'intérieur, j'avais plus qu'à oublier le boulot et j'ai commencé à nettoyer : il fallait que tout soit clean. OK. Me voilà en train de tout cleaner, j'avais le temps de rien faire d'autre. Heureusement, mon vieux m'apportait de la bouffe de Stockmann : comme ça j'avais pas besoin de me démolir la santé à sortir pour les courses. Stockmann, je suis d'ac. C'est clean. Mais y avait un big problème, c'était quand mon père venait chez moi. Comme c'est un homme d'affaires, il prend l'avion tout le temps, il va dans le monde entier et on peut jamais savoir dans ce foutu bordel ce qu'il peut ramener comme maladies, sans savoir, il peut me refiler n'importe quelle saloperie. Chaque fois qu'il venait, je devais tout désinfecter quand il était parti, tout ce qu'il avait pu toucher. C'est comme ça que l'été est passé. J'ai pas mis le nez dehors une seule fois. C'est pas possible de sortir avec toute cette saleté, toute cette pollution. Je peux pas supporter. Puis ce fut le premier septembre. Mari est revenue de Grèce. Elle s'était habillée tout en blanc: c'était chouette, elle sait que j'aime tellement le propre. D'abord, c'était bien. Tout était OK. Après, elle a voulu qu'on s'embrasse sur la bouche. Mais ça c'était vraiment dégoûtant, surtout quand je commençais à penser à toutes les maladies qu'elle avait pu attraper. Je lui ai dit: bon, on verra plus tard, va d'abord à la douche. Je voulais qu'elle se désinfecte complètement. Quand elle est revenue de la salle de bains, je lui ai touché la main et je l'ai embrassée sur la main seulement et puis j'ai pensé au sida, que ça s'attrape par la salive, alors ç'a été la panique. Je lui ai demandé si elle m'avait trompé un peu, mais elle m'a assuré que non. Dans la soirée elle est rentrée chez elle. Elle m'avait laissé une bouteille de vin grec pour que je le goûte. Je l'ai vidée dans les W.-C., j'ai bien désinfecté la cuvette partout et puis j'ai décidé d'aller me coucher, mais je pouvais pas dormir. J'avais un drôle de feeling, c'était évident qu'il fallait que je nettoie tout ce que Mari avait touché. J'ai commencé à tout désinfecter. J'ai bossé jusqu'à cinq heures du matin. J'ai dormi ensuite toute la journée. Mari est venue après le travail. Elle m'a apporté de la bouffe de chez Stockmann et elle a dit qu'elle voulait dormir chez moi et qu'on fasse l'amour. Je lui ai dit que je pouvais pas aller comme ça avec une femme qui revient juste de Grèce. Je lui ai dit: écoute, on peut attendre quelques mois et après on verra, si tu as pas de maladies, alors c'est OK. Mari était d'accord et elle est rentrée tranquille chez elle.

Heureusement elle avait eu le temps de s'asseoir que sur trois chaises, ça m'a pris seulement jusqu'à minuit pour tout nettoyer. L'automne est passé. Tout continuait comme avant. Mari m'apportait de la bouffe et mon vieux venait voir si tout était en ordre. Personne n'avait plus reparlé de boulot et moi-même j'ai compris que j'aurais jamais pu travailler avec en plus tout ce nettoyage que je devais me taper à la maison. Peut-être que j'arrivais pas non plus à me voir dans un bureau avec toute cette saleté, rien qu'à l'idée de me retrouver avec tous ces gens qui respirent le même air contaminé. À Noël on a parlé avec Mari pour savoir si on ferait l'amour ou non. J'étais presque d'accord mais au dernier moment j'ai dit non, au cas où. Quand le printemps est arrivé, nous nous sommes mariés parce que Mari voulait et mon père aussi. Le pasteur est venu nous bénir dans mon appartement et mon père m'a donné comme cadeau de mariage un équipement de body-building. Après le mariage, j'ai tout nettoyé à fond et j'ai commencé à développer ma musculature. Mari avait déjà foutu le camp quand mes muscles ont commencé à apparaître. Elle continuait à venir comme avant une fois par semaine et elle m'apportait la bouffe pour une semaine. Heureusement elle restait moins longtemps qu'avant et elle cessa de parler de faire l'amour. Je continuais à m'entraîner et à nettoyer et en un an, il m'est venu de ces foutus biceps, même quand je suis relax ça me fait le bras rudement gonflé. Génial. Mes cuisses sont aussi fortes que des icebergs du pôle Nord. C'est super. Mari a cessé de venir me voir. C'est bien qu'elle ait pigé qu'il fallait arrêter de venir, j'en pouvais plus de cet enfer de nettoyer tout le temps. Ma mère, je l'ai jamais revue après que j'ai déménagé de Haukilahti, mais mon vieux est devenu plus sympa. Quand il vient, il a pigé le truc, il met toujours des protections en plastique sur ses chaussures, une veste blanche, sur sa figure, un masque stérile, et il porte des gants jetables. Stériles.

ÇA A COMMENCÉ déjà avant que j'aie huit ans. Je me balançais dans le fauteuil du salon et je regardais ma mère qui fourrait la bouffe dans le placard de la cuisine. C'est à ce moment-là que j'ai compris pour la première fois. J'éprouvais un sentiment de malaise terrible, ça m'a fait comme une coupure dans le cerveau, un éclair instantané: j'ai vu ma mère dans la cuisine, une vision d'animal mutant, un monstre à forme humaine. C'est là que tout a commencé, j'en ai la certitude, et avec les années, c'est devenu encore plus net: déjà, enfant, c'était comme ça, je l'avais bien senti. Je déteste toutes les femmes. Je déteste toutes les femmes qui viennent vers moi dans la rue, dans un parc, au bord d'un champ, dans le couloir d'un bureau. J'ai la chair de poule quand il faut que je regarde une femme droit dans les yeux ou que je dois échanger quelques mots, une phrase polie avec une femme. Bien sûr, je sais facilement lancer des phrases, sourire à une femme inconnue, mais ça n'empêche pas la haine et le dégoût de m'emplir le ventre à chaque fois. Si on me le proposait, je serais d'accord pour qu'on les élimine de la surface de la planète, toutes, qu'il en reste pas une qui bouge. Je pourrais créer un royaume des hommes qui serait strictement délimité, suffisamment grand et riche en ressources naturelles où le phallus serait le maître. Plus il serait grand, plus il serait puissant. Les femmes sont tellement écœurantes et bien sûr, aussi, simples dans la lumière. Nos chattes gluantes, nos trous dégoulinants de sang, nos bouches béantes, nos aisselles puantes. C'est ça notre vérité. C'est pour ça que j'ai bien pensé à une nouvelle loi : à partir de l'année prochaine, chaque fille qui naîtrait, on lui trancherait la gorge à la naissance à la maternité. Là, ça se passerait d'une manière hygiénique et tout à fait naturelle.

J'AI TOUJOURS habité avec maman, pendant dix-huit ans, dans le même appart. On était toujours que nous deux, moi et maman. Au moment de ma naissance, mon père avait déjà foutu le camp et on n'a pas vraiment cherché à savoir où il pouvait être. Il m'a jamais manqué et je vois pas très bien ce que j'aurais pu faire d'un père, d'ailleurs. J'ai tout partagé avec ma mère déjà quand j'étais gosse et même après quand c'est le moment de la puberté, qu'on en a ras le bol des parents, moi, j'étais bien, ça allait encore mieux qu'avant avec maman. Jamais elle est allée au boulot. Elle était toujours chez nous quand j'étais gosse et ça, c'était drôlement bien. Les autres, on les traînait toujours à la crèche et chez des parents pour les garder, mais moi, je pouvais toujours être avec maman. Pendant dix-huit ans, maman était toujours en congé maladie, je crois qu'on avait vu qu'elle avait quelque chose d'un peu fêlé dans le crâne quand elle était jeune, même si moi j'ai jamais rien remarqué de spécial. Je reconnais que maman a toujours été un peu silencieuse, un peu sensible on pourrait dire, elle aimait pas aller dehors pour se promener. Alors c'est moi qui faisais tout, j'avais appris, je faisais toutes les courses, j'allais au kiosque et je m'occupais des coupons de loto. On était bien dans notre nid. Le soir, on regardait toujours la télé ensemble, parfois on jouait à la bataille et une fois, je me souviens, maman a essayé de me lire un livre de contes. Maman faisait elle-même des dessus-de-lit au crochet et elle les vendait à des gitans, elle se faisait un peu de fric comme ça. Elle me donnait le fric tout de suite et je pouvais m'acheter tout ce que je voulais. On habitait au sixième étage et de là, c'était rudement beau, on voyait la tour de la caserne des pompiers de Malmi. On essayait toujours de deviner quand c'était que les sirènes allaient commencer à faire leur chouette boucan et que leur belle lumière rouge allait se mettre à clignoter. On s'amusait à deviner où le feu était en train de prendre, comment ça flambait et le lendemain matin, on feuilletait le journal pour voir qui avait deviné en premier l'endroit où ça s'était passé. Maman était jolie et douce comme une poupée, elle avait la peau vraiment blanche et elle était si agile, même si pas tout à fait aussi mince que j'aurais voulu. Je rentrais toujours à la maison directement de l'école et je voulais jamais rester dans la cour avec la bande à gueuler et faire les cons, moi ça me cassait les pieds. J'ai jamais pu encaisser leurs histoires de mecs qui se prennent pour des caïds. Moi je suis un type cool, j'ai toujours aimé ça, rester à la maison. À l'école, je m'en tirais bien, enfin normal quoi, même si, ça c'est vrai, on cherchait toujours à m'embêter.

Maman me consolait quand j'arrivais à la maison et je les envoyais tous se faire voir, cette bande de cons. Moi, j'étais plus en avance qu'eux tous mais j'ai décidé quand même que je voulais pas continuer l'école. Ça suffisait comme ça. Fallait changer d'atmosphère. Maman était d'accord et j'ai trouvé du boulot à la poste. Maman était vraiment contente, vu que c'est le pain de l'État qui va me nourrir jusqu'à la retraite et que c'est un boulot sûr. Tout allait vachement bien. Fleurs bleues. Un jour, je rentre du boulot et je vois que maman est déjà couchée dans le lit. Bon, c'est vrai, j'ai un peu pensé que c'était bizarre qu'elle soit au lit comme ça de si bonne heure. Jamais avant elle était allée dormir avant mon retour du boulot. J'ai pensé que je devais la laisser dormir et j'ai commencé à faire mon lit sur le canapé. Le matin, j'ai vu qu'elle dormait encore avec tous ses vêtements et son tablier par-dessus. J'ai pensé qu'elle était sûrement malade et j'ai couru à la pharmacie pour lui acheter de la disperine et du coldrex au cas où elle aurait pris la grippe. Elle a pas touché aux médic même si je les avais bien mis à côté d'elle. Elle dort toujours dans la même position et dans un étrange silence. Elle a toujours été silencieuse, mais avec cette maladie elle parle plus jamais. J'ai été au boulot, le soir, j'ai fait les courses et j'ai essayé de préparer quelque chose comme j'ai pu. Je lui offrais toujours quelque chose mais elle a jamais touché à rien. Je parlais souvent avec elle et au bout de deux semaines, elle a commencé à répondre un peu, quelques phrases, elle voulait que je la lave et que je lui change sa chemise de nuit. Je lui ai promis, même si pour moi ça semblait terrible de voir maman toute nue. J'aurais pas voulu la déshabiller mais fallait bien. Elle avait les yeux fermés et comme un beau sourire sur son visage. J'évitais de la regarder. Elle pesait aussi lourd qu'un sac de ciment mais j'y suis arrivé quand même, j'ai continué à aller au boulot, j'ai attendu qu'elle guérisse et que la vie redevienne normale. J'ai commencé à me dire est-ce que je devrais faire venir un toubib, bon, puis après je me suis dit qu'ils l'emmèneraient peut-être à l'hôpital et ça je voulais pas. Je voulais m'occuper de maman, la soigner moi et puis elle avait dit qu'elle veut pas voir de toubib. Alors, un jour, c'était un vendredi, le concierge s'est pointé. Il avait la clef, il a ouvert la porte et il a commencé à tout zieuter dans l'appartement. Il a dit que, bon, les voisins avaient porté plainte, comme ça parce que ça sentait mauvais. Bon, enfin il voulait juste se rendre compte un peu de ce qui se passait chez nous. J'ai pigé tout de suite, j'ai pensé: la vache, j'ai complètement oublié d'aérer depuis des mois. J'ai ouvert la fenêtre et j'ai dit que maman est malade et c'est pour ça que tout va un peu mal. Le concierge a jeté un regard vers le lit et il est parti, mais quand je suis revenu à la maison le lendemain soir, les fumiers, ils avaient enlevé maman. J'ai eu à peine le temps de m'asseoir et d'essayer de comprendre ce qui me tombait dessus, le concierge est entré avec la clef, y avait deux flics avec lui. Je leur ai demandé: qu'est-ce que ça veut dire tout ça, mais personne m'a répondu. Ils m'ont demandé de les suivre gentiment dans leur voiture. Bien sûr que je les ai suivis, je pensais qu'ils allaient me mener près de maman. Ils m'ont conduit ici et ils m'ont laissé dans cette chambre d'hôpital. J'arrive toujours pas à comprendre pourquoi ils ont fait ça. Ils me gardent tout le temps ici, ils me laissent pas aller au boulot, ni même rendre visite à maman là-bas dans l'autre service. Je comprends pas ce qui va nous arriver, qu'est-ce qu'elle va devenir notre vie. On n'a même pas une chambre pour nous deux. Tout va de travers et je peux même pas demander où est maman.

(ON S'EST MARIÉS le 14 novembre et avant la fin du mois c'était déjà fini. Pour moi, deux semaines de mariage, c'est déjà trop.) Je l'ai rencontré au restau Pam-pam, j'étais avec des copines de boulot, on allait boire un coup à Pam-pam ensemble. Il est entré et tout de suite quand je l'ai vu à la porte j'ai compris qu'il était pour moi, ce mec. À la fin de la soirée, je suis allée à sa table et je lui ai dit, va te faire foutre, espèce de petit branleur. On est allés chez moi, après plus moyen qu'il s'en aille. Tout ça parce qu'on avait passé une nuit ensemble, sale fumier, pourriture de mec, il s'accroche à mes baskets. Terminé. Collé à mon pieu, je dirais pas mieux. Quand je partais au boulot il restait là à glander et quand je rentrais, il était encore là à rien foutre le cul en l'air. Il allait jamais au boulot, il faisait jamais les courses et il a même jamais été foutu, cet enculé, de descendre les poubelles. Bon, j'ai tout gobé, c'est vrai qu'il me plaisait bien, il était mignon comme ça, toujours dans le lit, sauf quand il dormait. Il m'a dit qu'il voulait se marier une semaine après qu'on s'était vus la première fois, j'ai dit OK parce que c'était novembre et qu'y avait rien à foutre dans cette ville, frozen sur tous les fronts, Pam-pam et tout le bordel. Je pensais que c'était bien, je pouvais faire la fête avec les copines de boulot, qu'est-ce que ça peut foutre, ce mec, je me marie et c'est OK. On a fêté le mariage au restaurant Savoy. J'avais une robe de mariée blanche, on nous a fait des cadeaux, on a bu, on s'en est foutu plein la gueule, on s'est pris une de ces bitures et on s'est vraiment marrés, ça carburait super. Après ç'a été la vie de tous les jours, R.A.S., toujours les mêmes conneries, le mec qui fait des mots croisés tout le temps et qui pue. Bon, j'ai encore supporté tout ça, mais après une semaine qu'on s'était mariés, il a commencé, ce con, à geindre tout le temps, son enfance malheureuse, sa jeunesse foutue, tout le monde s'en fout de tout, y a vraiment pas de raison de continuer à vivre, etc., tout le bazar. J'ai dû me coltiner toute la semaine les mêmes jérémiades, tous les soirs la même rengaine à vous faire dégueuler, un mec qui passe son temps à piailler comme un gosse, moi qui croyais que je m'étais trouvé un vrai mec, un homme. OK, tu vas me dire que j'étais un peu sonnée après une semaine de mariage, à bout de nerfs, mais je pensais tout le temps qu'est-ce que je vais foutre avec ce mec qui me coule toute sa morve dessus. Pendant toute la deuxième semaine de mariage, j'étais à bout, c'est devenu de pire en pire, il a commencé à pleurer, je sais pas quoi, sur sa grand-mère qui était morte il y a vingt ans ou quelque chose comme ça. Je lui ai dit, maintenant, ça suffit, va te faire foutre. Il m'a montré son alliance. J'ai foutu la mienne par la fenêtre mais pas moyen qu'il foute le camp. J'ai essayé de le virer, de le traîner dans le couloir, mais il était tellement mou, une vraie chiffe molle, que j'ai pas pu y arriver. J'ai appelé les flics et je leur ai dit, foutez-le-moi dehors. Les flics m'ont regardée, ils ont lorgné le type sur le plumard et ils sont sortis. J'ai pris cette saleté de couteau à viande et je lui en ai foutu deux coups. Ce fumier, il a même pas essayé de se défendre, il faisait que se laisser crever dans mon lit. J'ai téléphoné à l'hôpital psychiatrique de Hesperia, je leur ai dit que mon mec avait essayé de se suicider en se plongeant un couteau dans le cœur et je suis partie chez une copine de boulot. Elle m'a calmée, elle m'a dit que c'est des trucs qui arrivent. On a bu du café et le matin on est parties au boulot. Le lendemain on m'a téléphoné du commissariat pour me demander des détails. Je leur ai tout raconté et puis j'ai dit que j'étais aux chiottes en train de lire le journal et que c'est pendant ce temps-là qu'il s'est tué. Ils ont cru tout ce que j'ai dit et les copines au boulot elles m'ont dit, t'as vachement bien fait, c'est sa faute à ce mec qui faisait que se la branler et te casser les pieds en te débitant toute sa foutue vie de merde. Moi, ce que je veux, c'est un vrai mec, normal, qui s'occupe des choses, qui apporte du fric pour payer l'appart et les dettes qu'on a à la banque, qui achète la bouffe et la met dans le frigo. Bordel de merde, un homme ça a quand même des devoirs si on vit ensemble.

APRÈS L'ENTERREMENT, s'enferme dans la chambre à coucher. Ne mange rien, ne boit rien, ne dort pas pendant douze jours. Le soleil s'est levé puis s'est couché. Ne le remarque pas. Étrangeté au monde. Visions, pensées, tout semble brisé, épars. Elle ne se souvient pas des événements du passé, mais sent encore la présence de l'odeur, cette odeur de l'homme, dans les draps du grand lit. Il y a eu des moments où ils ont été heureux. Comme des bébés joufflus qui gazouillent le dimanche matin sur le tapis de laine douce. L'homme assoupi à ses côtés, elle, belle, dans ce doux parfum, assise dans la voiture sur le siège avant. Ils vont au travail. Tout cela était arrivé il y a très longtemps ou alors peut-être à l'instant ? Oui, c'était arrivé ou alors ce n'était qu'un rêve.

Elle se lève du lit. Elle est nue. Elle se regarde dans le miroir au plafond de la chambre. Longtemps, tous les détails de son corps, mais elle ne voit rien. Pas même son visage. Elle prend un vase très lourd et le jette au plafond. Le miroir se brise sur elle en petites lamelles, multiples éclats de verre. Ils déchirent son corps, plaies ouvertes, le sang coule. Certaines blessures sont profondes, elles ouvrent son corps, le sang jaillit à flots par les plaies béantes. Les draps sont rouges, le corps bat de sa chaleur, le sang a l'odeur de la vie. C'est le sang lourd de la vie. Elle saute sur le plancher. Les éclats de verre sont des flèches qui entaillent ses pieds mais elle ne sent rien. Elle danse un tourbillon frénétique entre les murs de la chambre et chantonne un air inconnu. Le papier peint aux dessins fleuris blancs devient rouge, le sang sort en fumée de chaleur de ses seins, de ses cuisses. Quand elle cesse de danser et s'effondre sur le sol, quelques gouttes de sang s'écoulent encore de sa poitrine. Une dernière flaque.

Il est un peu plus de trois heures du matin. L'homme a ouvert le tiroir de la table de nuit, sorti le revolver et il le charge. Ses yeux sont marqués de cernes noirs de toutes ces semaines de veille, les rides ont creusé des lignes profondes sur son front et au-dessus des sourcils. De la rue monte à travers la brume la lueur d'un lampadaire. Elle éclaire la chambre, le grand lit, l'autre place est vide. La femme avait quitté l'homme plusieurs années auparavant, elle était partie habiter chez sa mère à l'autre bout de la ville. L'homme regarde la rue déserte. Les palmiers, l'herbe du printemps, un chat de gouttière sur le capot d'une voiture. Il vise le chat à travers la vitre, il est sur le point de tirer, mais baisse son arme. Cinq grandes pièces bien meublées, des tapis persans et des bouquets composés de fleurs fraîches. L'homme jette un regard vers la porte comme s'il craignait que quelqu'un entre dans la pièce. Pensée impossible, le petit garçon n'a plus pénétré dans la chambre depuis que la vie sexuelle de l'homme, intermittente, a pris fin après le départ de la femme. L'homme se retourne vers la rue, le chat a disparu. Tout devrait être clair, pense-t-il, mais toutes les histoires qu'il a entendues dans son enfance à propos des êtres morts jeunes et aussi de ceux qui revenaient voir les vivants après leur mort lui viennent soudain à l'esprit et se mélangent un instant dans sa tête. Un lourd sentiment de culpabilité lui fait courber les épaules et baisser le dos. Il parvient cependant à s'arracher à cette atmosphère de torture et à oublier ces histoires. Il ouvre la porte de la chambre, traverse d'un pas décidé la salle de séjour, la salle à manger et la bibliothèque. Il s'arrête dans le couloir et sent qu'il est prêt : il va le faire. Il n'a personne d'autre au monde que le petit garçon. Il n'a aucun souvenir qu'à un moment quelconque de sa vie il ait éprouvé un instant de jouissance. Même dans le lit conjugal, la multitude de ses péchés le berçait en permanence et il sentait sur ses épaules le poids de tous les péchés qu'il avait commis envers Dieu depuis le premier crime de sang. L'homme se dirige sans bruit vers la chambre du petit garçon et entrouvre doucement la porte. Il est saisi par un sentiment intense d'écœurement. L'enfant dort profondément. À ses côtés, une femme nue est allongée. Il sent des frissons courir le long de sa colonne vertébrale et gagner tout son corps. L'homme regarde les gros seins de la femme, ses lèvres fardées de rouge et il se sent encore plus misérable en voyant ces deux êtres de péché errant dans leurs rêves. Il lève l'avant-bras et pointe sur eux le pistolet. Il tire la détente lentement vers lui et ressent à cet instant un sentiment de triomphe magnifique car c'est seulement après avoir tout perdu qu'il sera encore le vainqueur. Soudain sa main faiblit, le pistolet lui échappe et tombe sur le sol. Il tremble, la terreur agrandit son regard. Les larmes coulent sur son visage. Il les essuie, refoule ces pleurs et cette faiblesse qu'il a toujours détestée, retourne dans la chambre, replace l'arme dans le tiroir de la table de nuit et enfouit sa tête sous le gros oreiller.

JE M'EN VAIS. C'est samedi matin, je pars faire des courses, ben quoi, c'est vrai ce que je vous dis et puis j'avais pris mon sac avec plein de bouteilles de bière vides dedans. Je vais comme ça jusqu'à la boutique, me voilà en train de rendre mes bouteilles vides à la consigne, je fais mon plein de bouteilles dans le sac et je paye à la caisse, enfin tout comme je fais d'habitude, quoi. Le soleil brille tout doucement, je commence à marcher vers chez moi. Alors, il y avait une cabine téléphonique pas très loin, vous savez là au coin où y a le terrain de foot, elle a toujours été là, cette cabine, je rentre dedans et j'appelle un taxi. J'ai pas eu le temps de comprendre ce qui m'arrive que déjà je me retrouve sur la banquette arrière et je lui dis d'aller dans le centre. Je sais pas ce qui m'a trotté dans le ciboulot, tout d'un coup je suis en train de me siffler six bières et puis ça commence à me donner envie de baiser un coup. Je vais comme ça m'asseoir à la table d'à côté et je me lève une belle gonzesse pour venir avec moi. Je sais pas, elle avait sûrement pas vingt ans, une grande bouche et le cul raide. Je me la prends avec mon sac de bouteilles vides et on se traîne dans le bus jusqu'à chez elle. Elle habite dans une petite maison basse. Ses vieux étaient pas là, ils avaient foutu le camp à la campagne. On s'est d'abord envoyé toutes les bouteilles, après on a baisé tout notre soûl, plusieurs heures et puis on est retournés au bistrot. On a roulé notre vie comme ça pendant deux jours et moi je me marrais bien avec les copains, la gonzesse, elle est restée, peut-être c'était la première fois qu'elle découchait. Je sais pas où elle a foutu le camp après. Moi je me suis soûlé jusqu'à mardi avec Veli et Mauno. Et puis le mercredi on a été pour boire un coup au bistrot le matin. On avait tous une sale gueule de bois tous les mecs et puis voilà que c'est la femme à Veli qui se pointe et qui me dit maintenant tu te magnes le cul et tu viens avec moi. Veli s'est mis avec Mauno, ils ont commencé à s'enfiler des verres de schnaps et ils savaient même plus ce qu'ils disaient. Moi, j'étais pas d'accord, j'ai dit vous êtes qu'une bande d'enculés, pourquoi je devrais partir avec la femme à mon pote. Mais avec une gonzesse, si elle te dit d'y aller, faut y aller, y a pas à discuter. Je vais voir Veli. Ce qu'il en pense. Va te faire foutre, ça va bien comme ça. La gonzesse s'est commandé le taxi et nous voilà en train d'aller dans leur baraque à la campagne. Elle s'enlève d'abord toutes ses fringues, elle se met toute nue, quoi, elle m'oblige à faire pareil même si moi, je voulais pas, je vous jure. C'était dingue, elle était complètement givrée, cette gonzesse, trois jours sans sortir de là et pas moyen de se tirer. On a bu de la vodka et du cidre et puis je crois bien qu'on a pris souvent le sauna. On a baisé comme c'est pas possible et puis j'étais obligé. Pas moyen d'y couper. On peut pas laisser faire les bonnes femmes, si elles commencent à raconter dans le patelin qu'y a un mec qui a pas de couilles, qui arrive pas à baiser, va savoir ce qu'on peut dire. Ça se répand partout comme une traînée de poudre. Faut sauver l'honneur. Si on manque son coup une fois, on sait pas après ce qui peut se passer, toute la réputation d'un homme, d'un vrai, qui fout le camp. Bon, je m'en suis bien tiré, j'ai pas débranché, à fond la caisse, mais la vache, elle était rudement mouillée, celle-là. Veli est revenu à la maison avec le taxi, il avait une de ces cuites, il était complètement noir, je dirais que c'était peut-être le samedi matin. J'ai dit à Veli que maintenant y en a marre, tu me débarrasses de ta gonzesse, je rentre chez moi. Déjà j'ai vu qu'il avait pigé dans quelle galère je m'étais foutu avec sa gonzesse. J'étais foutrement mal, mais j'ai décidé de faire tout le chemin à pince, qu'il faut que je me rafraîchisse un peu la gueule avant que ma gonzesse elle me voie comme ça. Je me suis payé une bonne dizaine de bornes et j'étais rendu un peu avant les nouvelles à la télé.

– Où donc que t'avais fichu le camp, qu'elle me crie et elle me fait une scène, j'en prends plein la tête et les gosses qui piaillent en s'accrochant à ses jambes.

– Tu sais bien où que j'étais, avec les copains, on a bu un coup, c'est tout, quoi, tu le sais bien, pourquoi tu le demandes, je lui dis, et je me tire dans la chambre. Voilà qu'elle me suit et elle commence à me faire une de ces scènes. Je m'endormais de temps en temps mais ça me réveillait tellement elle braillait, elle pleurait, me faisait des sermons. Tout à coup, elle se laisse tomber sur le lit et la voilà qui commence à me tripoter comme une femelle en chaleur.

– Arrête, que je lui dis, tu vois pas que je suis complètement vidé, je pouvais même pas causer tellement j'étais crevé, les larmes dans la gorge. Comme si elle avait rien entendu de ce que je lui cause. Et elle continue, elle m'ouvre la braguette, elle commence à me fourrager dans le pantalon, elle n'arrête pas et elle gueule que je dois la baiser aussi puisque c'est bien connu que je baise toutes les putains de la ville, alors pourquoi je la baiserais pas elle. J'ai supplié qu'elle me laisse au moins pioncer deux heures, mais pas moyen qu'elle me lâche la braguette, bon, elle commence à me la faire monter, c'était comme ça. Elle voulait que je lui en foute un bon coup. Fallait se la faire. C'était comme qui dirait qu'elle aurait eu le feu au cul. C'est pas croyable qu'on peut vous sucer un homme comme ça, elle m'a complètement vidé, bon, mais je l'ai baisée elle aussi, puisqu'elle voulait, après elle m'a laissé tranquille et j'ai pu enfin dormir jusqu'au jour.

DANS LA FAMILLE on est tous des Blancs. Moi, ça fait déjà la sixième génération et je continue sur la lancée. J'ai pas honte. J'ai décidé que mon devoir dans la vie c'est de continuer à préserver notre héritage, c'est notre vraie tradition, notre vision du monde et je continuerai à agir dans la voie que nous avons tracée partout et toujours. À l'école j'ai bien essayé de leur faire rentrer dans le crâne que ces sales rouges vont bientôt nous tomber dessus, qu'ils vont souiller notre drapeau, notre beau drapeau bleu et blanc, mais je comprends pas ce qui se passe, ils réagissent pas, ils sont pas branchés. Bien sûr, défendre la patrie ils sont pas contre, mais ça leur bat pas dans les tripes, ils ont pas le cœur à se battre contre ces salauds de Russes. Bon, c'est sûr que tous les gars de ma classe, ils seront volontaires pour aller à l'armée, ça, pas de problème, mais bordel ça suffit pas. Faut avoir une vraie conscience. Le soldat, il doit comprendre comme elle est belle, notre patrie, notre beau drapeau bleu et blanc que nos parents nous ont transmis, ont défendu avec leur sang et que maintenant c'est à notre tour de le défendre. Ça suffit pas de marcher à l'armée comme ça dans notre bel uniforme militaire, sans savoir, sans comprendre ce que c'est que de défendre notre pays et en plus sans savoir tirer. Chaque jeune Finlandais doit apprendre à tirer sur la cible sans hésiter, parce que les Russes, ces damnés de la terre, ils vont devenir de plus en plus forts toujours et toujours et nous envahir et y a qu'une chose à faire: tirer les premiers. Ils vont nous faire transpirer et mourir jusqu'au crépuscule de l'histoire si nous ne prenons pas en main notre destin. À mort les Russes, pas de quartier, que le sang coule et que les bombes éclatent. Moi, je leur ai bien fait comprendre aux profs à l'école qu'il faut être plus combatifs, que ça suffit pas de parler aux élèves de la patrie. Moi, je pense que les professeurs doivent nous apprendre, à nous les élèves, à aimer notre pays avec toute notre âme et à donner notre sang s'il le faut. Il faut faire battre notre cœur pour notre patrie. Les élèves doivent apprendre à honorer la pureté et le bien-être de notre patrie, à la protéger du sale sang étranger et des autres peuples non civilisés qui essayent par la violence de pénétrer notre pays et de l'occuper. Ce pays que nous avons forgé de nos propres mains, dont nous avons fait une des premières nations développées, un grand pays civilisé qui a montré ses qualités et son esprit de compétition. Je le leur explique, mais tout ce qui les intéresse, c'est d'écouter du disco et de dire des conneries sur les séries qu'ils ont vues à la télé et toutes les histoires qu'ils ont lues sur les princesses et les familles royales dans les journaux féminins. Les garçons aussi, s'ils vont tirer dans la forêt, c'est pour s'amuser et en dehors de ça, ils pensent qu'à draguer les filles entre les cours. Ils ont le respect de rien. Mon père à moi, il a fait mon éducation, il m'a parlé toujours de la patrie, de la défense du pays, d'être soldat, de mon pays. Moi, j'ai grandi dans le respect, l'amour de ma patrie autrement que toutes ces espèces de petits glandeurs de merde. J'ai beaucoup plus appris, ressenti des choses profondément dans mon cœur, j'ai plus d'intelligence, je vois plus loin, je comprends mieux que n'importe lequel de mes professeurs. Avec mon père, on a regardé toute l'histoire des guerres de Finlande plus de dix fois et je connais toutes les lignes de front, comment elles ont avancé et reculé jour après jour, je comprends toute l'évolution de la situation de la guerre d'hiver et de continuation contre les Russes, semaine après semaine. Je connais les types d'armes qu'on utilise dans tous les pays du monde, je sais parfaitement monter et démonter un fusil et me servir de toutes les armes, même les armes blanches. Je connais tous les signaux militaires du monde entier par cœur, je sais parfaitement comment on fabrique une bombe atomique et aussi les bombes ordinaires et aussi comment on dégoupille une grenade. C'est mon père qui m'a vraiment montré comment on tient une arme et je mens pas, quand il a fêté ses quarante ans

– j'avais que onze ans – je savais déjà démonter et remonter une mitrailleuse et aussi tirer sur une cible qui se déplace, tout droit en plein cœur. Même que les invités qui étaient là, ils ont été témoins et c'est sûr qu'ils l'ont répété partout. J'ai toujours été avec mon père quand il est parti pour faire des manœuvres militaires – j'allais pas encore à l'école – et maintenant aussi pendant les vacances de Noël et les vacances de neige, je vais avec lui au camp d'exercices militaires près de la route de Salla. Moi, je tire tranquillement bien mieux et plus sûr que les appelés et les jeunes sous-offs. Je skie aussi loin que mon père, je tire avec les armes de mon père, je m'assois à côté de lui et j'écoute toutes ses histoires de stratégie militaire. Moi, je veux apprendre comment on dirige les opérations s'il y a une guerre, parce que je sais que le jour va venir où nous, nous devrons agir et je veux pas me contenter d'être rejetée à un poste de défense. Je veux être un chef, diriger les opérations militaires, je veux être au quartier général, le centre nerveux de la guerre d'où nous conduirons le peuple finlandais à sa victoire, et d'où nous tuerons tous ces sales Russes jusqu'au dernier. C'est mon père qui m'a appris que les filles doivent être dressées comme les garçons, pour la même cause, j'ai toujours réussi et je continuerai toujours et je ferai encore mieux, toujours mieux. J'ai fait une belle lettre – on l'a écrite avec mon père – au président de la République, cette espèce de sale parasite, pour que je puisse enfin, après tout ce temps, avoir une permission spéciale pour pouvoir rentrer dans l'armée comme volontaire quand j'aurai atteint mes dix-sept ans. Ça a toujours été mon rêve de faire une carrière militaire et je veux gagner mon pain en étant toute ma vie au service de l'armée. D'abord, je servirai dans l'armée finlandaise, puis j'irai faire des études dans une école militaire en Allemagne et après je m'engagerai dans l'armée de métier et j'irai combattre ces sales rouges de sandinistes au Nicaragua. Je veux apprendre à devenir un bon tireur, on pourra dire que depuis Mannerheim on n'en aura jamais vu de meilleur. J'admire et j'honore la mémoire de Mannerheim par-dessus tout. Ça c'était un homme, un vrai, un patriote qui avait du cran. Moi, je veux être comme lui et personne pourra m'en empêcher. Ni la loi finlandaise, ni ça que je suis une fille, rien, jamais. Si ce sale parasite me signe pas l'autorisation spéciale de servir dans l'armée, j'arrête l'école et je pars au Chili. Je m'en fiche pas mal de leurs lois finlandaises. Mon père m'a promis de s'occuper des papiers et de payer tout, car il a lui aussi en son cœur cet espoir que je deviendrai un jour une étoile célèbre dans les pages de l'histoire de la Finlande.

MOI, QUAND c'est le matin, je me lève et je commence tout de suite à me faire du café. C'est pas vrai que j'ai arrêté le café comme ils disent, toujours à me crier dessus que c'est à cause de ça que c'est arrivé, que c'est le pire de tout. Je me fais chauffer du café, du bon café noir, bien fort. Ça me fait du bien et après je vais à la douche. Je transpire tellement maintenant pendant la nuit que ça puerait toute la journée si je m'arrosais pas partout. Je me lave bien sous les aisselles, ensuite le sexe et en dernier les pieds. J'ai toujours été stricte question propreté. Je me mets de la poudre partout et je me passe de l'eau de Cologne sur mon gros boudin de ventre, partout entre les plis de la graisse, ça fait vraiment du bien. À peu près à huit heures, je suis prête et je mets la radio. Je m'avale quelques rondelles de saucisse et des morceaux de pain de seigle. C'est rudement bon. À neuf heures, je sors et j'emmène Musti chez Paavola. C'est elle qui le garde et il reste toujours chez elle le matin parce qu'on peut pas le laisser tout seul. C'est vrai qu'il était habitué à ce que je sois toujours à la maison avec lui, mais maintenant que la vie a changé c'est plus pareil, il faut penser au chien aussi et pas seulement à soi tout seul. À dix heures, je suis à la réunion des Weight Watchers : on contrôle le poids, c'est-à-dire que les gens comme nous on les pèse, on nous donne des conseils et puis, nous les nanas, on aime bien se retrouver et on se raconte nos histoires, tout ce qu'on a fait depuis la veille, ce qui nous est arrivé. Moi, je vais encore à la réunion tous les jours, je fais partie de cinq groupes différents et je paye pour chaque groupe un prix spécial, mais c'est pas grave. C'est vrai qu'il faut bien se dire que de nos jours si on veut avoir des distractions, ça se paye. C'est la raison qui le dit, aujourd'hui on n'a plus rien gratuit et moi, je suis contente de payer du moment qu'on peut bien rigoler ensemble et se raconter nos histoires. Autrement, les gens comme nous, on serait vraiment tout seuls. Y aurait pas de Paavola, personne pour garder le chien, rien du tout. Là dans ces réunions de Weight Watchers, on doit manger léger, boire des boissons énergétiques et recevoir de nouvelles recommandations. Personne ne les suit vraiment d'ailleurs, moi pas plus que les autres. On fait seulement semblant d'être d'accord mais nous, ce qu'on veut, c'est parler de nos histoires à nous. Comme ça le temps passe de manière agréable et on se sent tellement bien. Tous leurs jus et leurs salades, ça nous branche pas tellement, on peut pas dire que ça nous fasse vraiment envie, mais enfin, ça peut aller, on supporte la réunion, surtout si on se tape un bon petit déjeuner correct à la maison avant de partir. Après, quand je sors des Weight Watchers, on va dans un bar où les chauffeurs de taxi sont à la pause. On s'achète des gros beignets à la confiture de pommes et aussi on se boit des grands verres de lait. On bavarde toujours, on se marre bien ensemble et les chauffeurs de taxi, ils nous taquinent un peu sur les bords. Y en a qui sont très sympas et ils disent des choses pas croyables, on joue au loto et on se prend un coupon pour jouer toutes ensemble. Dans ce bar, je vais jouer au bingo, les autres, elles font ce qu'elles ont envie, elles se baladent par là. Moi, je joue avec Jussi Nieminen et Veikko Kaartinen jusqu'à deux, trois heures de l'après-midi et après faut se dépêcher d'aller chercher Musti chez sa gardienne. Paavola, elle fait la femme de ménage le soir dans une compagnie d'assurances et il faut bien que quelqu'un aille chercher Musti le soir, même si c'est juste le moment où j'ai de la chance au jeu. Avec Musti, je vais faire les courses avant d'aller à la maison. Pour lui je prends du foie et pour moi de la grosse saucisse. Je mange la saucisse froide sortie tout droit du frigo et je la déguste tout au long de la soirée, y en a suffisamment de tranches et je mets même pas de moutarde dessus. C'est rudement bon la saucisse et quand même ça vous enlève plus la faim que tous les repas légers qu'ils nous font ingurgiter aux Weight Watchers. Avec Musti, on regarde la télé, je me lime les cors des doigts de pied et Musti il ronge les pieds du canapé. Oui, on est bien tous les deux. Après les nouvelles, je vais me mettre dans la cuisine, je me mange des sandwichs au saumon et je bois du kéfir. Le saumon, c'est pas cher en ce moment, alors j'en profite, même pour les gens comme nous, c'est possible d'en avoir. Bon, c'est peut-être pas du vrai saumon, mais quand même il est bien rose et suffisamment salé. Après, on va se coucher, on dort tous les deux dans le lit jusqu'au matin. Une nouvelle journée commence.

MOI, J'AVAIS trente-six piges quand je suis venue poser mes fesses ici à la taule de Hämeenlinna. J'avais emporté avec moi toute une masse de gros sous-vêtements de flanelle, au cas où. Je me disais comme ça dans ma tête que la chambre serait sûrement vachement humide et glaciale, mais non, il y faisait pas du tout froid. C'était des chambres rudement bien, vraiment mieux que ce que j'avais eu à la maison. C'est vrai, j'avais pas pensé que ce serait aussi bien. Je croyais qu'en taule, ce qu'on a, c'est des corvées dégueulasses, des chefs qui vous hurlent des horreurs, des passages à tabac et des insultes ordurières qu'on vous balance à longueur de journée. Mais ils étaient pas du tout comme ça, plutôt silencieux, je dirais, comme ça chacun à vivre dans son propre monde. Le travail, c'était complètement différent de ce que j'avais connu, ici on vous hurle pas dessus qu'on va se prendre un sale coup sur la gueule si on a été en retard pour pointer, parce que c'est comme ça qu'ils font à l'usine. Bon je dis ça après, maintenant que j'en suis sortie, mais quand même c'était mieux de travailler en taule qu'à l'usine. Parce que là y a toujours un salaud de chef qui vous fout la main au cul tout le temps et si on veut faire sa fière, c'est la porte tout de suite, y en a d'autres qui font la queue. Tandis que dans la taule, à Hämeenlinna, on a pu se rouler une clope, même deux, sous le nez des chefs, ils disaient rien, faisaient que bâiller et puis c'est tout. Faut dire que j'avais hérité de chefs et de gardiennes plutôt relax. Y en avait un, ça me faisait bien marrer, qui avait hérité une de ces brioches, une vraie barrique, il peinait que c'était pas croyable pour monter les escaliers. Sa deuxième femme avait arrêté les études et elle s'était retrouvée dans cette taule pour bosser. Elle avait vraiment l'air d'en avoir sa claque du monde, comme si tout était foutu et toujours pressée avec ça. Les autres taulardes, elles m'ont expliqué que cette nana, en fait elle voulait terminer ses études, peut-être faire une maîtrise ou un truc comme ça. Moi, j'en crois rien, tout ça c'était des bobards pour la frime. Elle était là quand je suis arrivée dans la taule, quand je suis partie elle y était encore et moi je crois qu'elle y mourra. Je suis sûre qu'elle avait même jamais ouvert un bouquin, ce qu'elle disait, c'était tout des mensonges pour amuser la galerie. Je suis restée neuf ans. J'ai eu droit à des permissions de sortie, mais j'ai pas voulu les prendre. Jamais. Où je serais allée? Tandis que quand on est en taule, y a toujours quelque chose de chaud à manger et le dimanche, on avait même le droit de roupiller jusqu'à huit heures. Je suis jamais partie en permission même s'ils ont essayé de me foutre dehors par la force. Moi, je leur disais que je partirais nulle part, que je suis pas obligée de partir. Y avait rien à faire, ils pouvaient pas piger ça, mais j'ai même pas essayé de leur faire comprendre que pour moi c'était une question de principe. J'avais décidé, même avant l'événement, que je ferais ma peine jusqu'au bout, que je sortirais pas de taule avant qu'elle soit finie, que chaque jour je ferais ma peine de toutes mes forces. Je leur ai dit que même s'ils essayaient une fois de me mettre en séjour semi-surveillé, j'accepterais pas. Et j'ai tenu, je l'ai faite jusqu'au bout, ma peine. J'ai compté, je suis restée neuf ans, ça fait 3 285 jours et j'ai même compté les jours des années bissextiles. Je voulais même être vraiment sûre que j'avais fait mon compte : quand je me suis trouvée à la porte, le jour de la sortie, j'ai attendu encore une heure et une minute pour être précise et c'est seulement après que j'ai accepté de franchir le seuil de la prison. Oui je me souviens très bien que le gardien qui était à la porte, il m'a prise pour une cinglée, c'est sûr, mais j'ai pas bougé quand même, je suis restée assise et je l'ai laissé me mater tant qu'il voulait. Ça m'était égal. C'était comme ça, un point c'est tout. L'affaire était réglée. Après j'y ai même plus jamais repensé. J'ai payé ma dette à l'État et je dois plus rien à la société. Depuis le jour où j'ai franchi cette porte, je me suis sentie la conscience propre et pour moi c'était vraiment le début d'une nouvelle vie. J'ai tout recommencé à zéro. J'avais quarante-cinq ans et j'étais en bonne condition physique. J'ai pu avoir un billet de train pour retourner dans mon village et j'ai pris le premier train qui partait tôt le matin. En neuf ans, y a pas grand-chose qu'avait eu le temps de changer là-bas. Tout était comme avant. Je suis arrivée lentement près de notre maison, je suis rentrée, il faisait rudement froid, même les vitres étaient cassées. C'était la fin de l'hiver, quand le printemps commence, et j'ai décidé de rester, je me disais, je tiendrai bien jusqu'à l'été, peut-être plus. J'ai cloué des planches sur les fenêtres et puis y avait plus rien d'autre à faire qu'à allumer le feu dans mon nid de tendresse. Moi, je suis une bonne femme qui en a vu de dures et je sais que je peux m'en sortir. J'ai démoli les chiottes pour avoir du bois pour le feu et y avait plus qu'à faire attention que le feu s'éteigne pas. Bien sûr, les voisins étaient rudement étonnés. Mais personne n'est venu me poser des questions, me demander pourquoi je faisais un grand feu dans la baraque, ils savent bien se méfier des gens comme nous. La maison était aussi chaude que l'enfer, tout était renversé, pêle-mêle. Y avait des petits voyous, des gamins qui étaient rentrés, ils avaient essayé de brûler le fauteuil à bascule et cassé un peu de vaisselle. J'ai tout bien nettoyé. J'ai bien chauffé la maison, je suis allée couper du bois et j'ai tout fait propre. Ça sentait bon. J'étais bien. La première nuit, j'ai dormi dans le grenier, c'était bon de coucher dans le foin, il faisait chaud. De temps en temps, je me levais et j'allais mettre encore du bois dans la baraque pour que le feu continue de bien brûler. Le lendemain, la maison était chaude. J'ai pu commencer à enlever mes vêtements, j'ai défait un peu ma fermeture Éclair et j'ai pu m'asseoir. Le printemps est arrivé alors, j'ai installé les fenêtres de l'étable dans la baraque et elle était aussi belle que n'importe quelle maison. Bien sûr, les gens du coin venaient pas tellement me voir mais moi non plus j'ai jamais mis les pieds chez les autres. Y avait personne pour m'aider, je pouvais juste de temps en temps m'acheter un peu de bouffe. Je suis allée au bureau social pour qu'ils me donnent une allocation pour acheter de quoi bouffer parce que dans leur saloperie d'usine, ils avaient bien sûr rien fait pour moi question chômage. Alors, l'été a pris fin et j'avais encore un peu de baies de la forêt à vendre, mais je me suis dit que je m'en sortirais pas, c'était vraiment l'enfer. Je commençais à devenir folle quand je voyais que les gens d'ici, ils vous parlent jamais. Ça me manquait, Hämeenlinna, parce qu'en taule y a toujours quelqu'un pour vous balancer ce qu'il a dans le ventre, mais ici, dans ce foutu patelin, pas moyen qu'ils vous disent quelque chose, font comme si vous existiez pas, même pas bonjour ni rien. Je me suis dit, c'est pas une vie, je peux plus continuer comme ça. Je suis allée au bureau d'aide sociale et j'ai dit à la bonne femme du bureau de me donner un bon pour un billet de train, que je veux aller dans le Sud. Elle me l'a donné. J'ai mis le feu à la maison et j'ai commencé à partir. C'est vraiment bien que je l'ai brûlée, cet enfer de maison, comme ça j'aurai plus jamais besoin d'y retourner. J'ai sauté du train à Tampere et je me suis dirigée tout droit vers une entreprise qui demande des femmes de ménage. Je suis rentrée et je lui ai dit à la nana du bureau, en costard et tout, t'as pas besoin de me faire des discours, moi je te dis qu'il faut que tu me prennes pour le boulot. Et c'était OK. Je suis allée habiter dans un foyer et puis je suis allée travailler quelques mois pour faire l'entretien. Le nettoyage, ça me connaît, personne peut dire le contraire et j'ai toujours été habituée à bosser dur. C'est pas le boulot qui nous fait peur aux gens comme nous. Après, je me suis débrouillée et j'ai pu habiter dans une baraque derrière la gare, peut-être que j'y suis restée comme ça trois ans. Je faisais mon boulot de nettoyage et j'économisais mon fric, je me suis fait moi-même ma nouvelle vie. Je me suis toujours bien plu à Tampere. On m'a toujours traitée comme un être humain ici. Les camarades de travail et les voisins me causent de n'importe quoi, même s'ils savent presque rien de moi. Ils ont pas besoin de savoir, pourquoi savoir. Oui les gens comme nous on a parfois tellement de volonté qu'on peut s'en sortir, on peut toujours sauver sa peau si on en a dans le ventre, même si on est qu'une petite bonne femme comme moi un peu fragile. J'ai continué à faire le nettoyage dans cette boîte jusqu'à ce que je parte à la retraite. Pendant vingt ans je me le suis payé de laver par terre et j'ai vécu comme un vrai être humain. On m'a foutue dehors de ma petite baraque derrière la gare, alors il a bien fallu que je loue ce logement à la ville. C'était obligé. Les gens comme nous on peut pas toujours vivre au milieu de la neige et aller au boulot comme ça. Peut-être que c'est le chef qui a pu aider pour que j'aie quelque chose. Parce que vraiment, c'est moi la meilleure de l'entretien dans la boîte et c'est sûr qu'il le savait. Peut-être bien qu'il a téléphoné lui-même aux grands chefs, il faut un logement pour elle, peut-être qu'il a rien fait du tout, va savoir. Bon, mais je l'ai eu, le logement et je l'ai rudement bien arrangé, au quart de poil. Je suis tellement bien ici dans mon chez-moi, avec ma retraite et maintenant que j'ai pris le chat avec moi, Tirri il s'appelle, le temps passe doucement, on est bien. J'ai un canapé, tous les meubles qu'on met dans le séjour, une télévision portative et aussi une radio. J'ai toutes sortes de petits bibelots même si je fais aussi des petits cadeaux. Des fleurs artificielles, des petits chevaux en verre et toutes sortes de napperons de dentelles. Je me rappelle même plus parfois que j'ai été dans la taule de Hämeenlinna et que je lui avais planté un couteau dans le ventre à ce sale cochon toujours soûl. Les gens comme nous, on peut pas toujours se rappeler des choses comme ça, quand on a un joli petit logement comme j'ai et le temps même d'aller danser. Et puis se dire qu'on existe.

JE ME MANGE tous les jours au moins deux tablettes de chocolat Nesslé et c'est foutument vrai ce que je vous dis. Je me prends huit carrés de chocolat blanc Nesslé pour le petit déjeuner, une barre de Mars et deux petits bâtons de Pätkis. Ou bien je change: je mange une demi-tablette de Nesslé et deux Mars. Ça fait qu'au milieu de la journée, j'ai avalé en principe toute la tablette de Nesslé, même si j'essaie de la manger lentement. Je vais dire au chef que maintenant, tu vois, je me barre au kiosque pour acheter deux ou trois tablettes de chocolat de chez Fazer, une bleue et deux rouges. Après je vais dans la salle pour les fumeurs, je fume plusieurs clopes et je m'enfile les barres de chocolat. Au passage, je tiens le crachoir aux nanas des bureaux. D'habitude, je leur en offre aussi à elles et y en a parfois qui acceptent de partager un bout de chocolat avec moi. Bon, elles m'ont fait un peu des réflexions, du genre pourquoi tu te bourres de chocolat en plein milieu de la journée et je leur ai répondu que quand on est veuve il faut bien se prendre un peu de bonheur au milieu de la journée. Après je retourne dans le bureau, je bosse comme une dingue et je me tire vers les cinq heures. Je prends le bus et je descends à l'arrêt de Siva : là je m'achète un super-gâteau chez Siva, fourré au chocolat de partout, tout tendre et sur le dessus des petits morceaux de chocolat et de noisettes. J'achète souvent ce gâteau et en plus encore une bonne dose de chocolat, ça dépend des jours et puis un carton de lait. Ma dose douce, mon morceau de choix, c'est une grande plaque de chocolat, du meilleur, du chocolat plus dur que le Nesslé, les carrés de chocolat sont même trois fois plus gros. Je marche jusqu'à la maison et ma fille est arrivée aussi de l'école, elle s'est enfilé trois tasses de chocolat et un paquet de biscuits fourrés au chocolat. Elle mange du chocolat et puis des biscuits et aussi des chips. J'ai à peine le temps d'ouvrir la porte qu'elle me hurle déjà dessus qu'elle veut du chocolat. Je lui dis d'attendre un peu le temps que j'enlève mon manteau et que je m'installe devant la télé. Après je lui donne une tablette de chocolat et j'en prends une autre pour moi. On regarde la télé, on mange du chocolat et on fume aussi entre-temps. Le soir, je fume dix cigarettes, ma fille et moi on s'est mises d'accord comme ça. Elle a pas encore appris à fumer vraiment, mais elle a déjà un petit peu essayé. Alors, on fume ensemble. C'est plus chouette que s'il faut fumer toute seule. Ce que je m'entends bien avec ma fille, c'est dingue. Elle est à l'âge de la puberté et il commence à lui pousser de ces boutons, elle en a plein. Dans le journal, on dit que si on mange trop de chocolat, ça fait que donner encore plus de boutons. Ce sont des imbéciles, ils comprennent rien à rien, tout ce qu'ils veulent c'est empêcher la jeunesse de profiter de la vie, pour une fois qu'il y a quelque chose de bon. Après les nouvelles, je fais chauffer du café et on se mange le bon gâteau de Siva, après on fonce se pieuter et puis le matin, de nouveau au boulot. J'achète toujours de gros morceaux de chocolat que je garde planqués pour le petit déjeuner le matin, comme ça on n'a pas besoin de courir au kiosque avant d'aller au boulot surtout que des fois il est pas encore ouvert. Ma fille elle boit et elle mange ses provisions à elle et moi pareil une fois qu'elle est partie pour l'école. Quelquefois, on fait des sorties pour manger du chocolat à Haaparanta, en Suède. On achète plein de tablettes de Nesslé parce que c'est meilleur marché et puis on peut les passer en Finlande sans rien payer à la douane. On peut même trouver onze sortes de Nesslé, donc ça fait six qualités de plus qu'à notre kiosque, où on peut en avoir que cinq. Moi je conduis et ma fille est assise sur le siège avant. On planque le chocolat sous la banquette arrière et personne nous a encore jamais fouillées à la douane. Le bon temps, c'était quand mon mari était encore en vie. On avait une carte spéciale pour la vente en gros et on pouvait payer en liquide toutes sortes de boîtes de chocolats et les marques de chocolat les plus chères. Après sa mort, ç'a été la fin, plus de chocolats, plus de petites douceurs. On a pas assez de fric pour se payer des trucs comme ça, alors on se contente de petites tablettes et de bâtons de chocolat. On peut peut-être dire que nous, on mange comme ça jusqu'à un demi-kilo de chocolat par jour et encore en plus le gâteau de chez Siva. Bon, ça fait pas de mal et en plus je suis pas grosse. Je grossis pas et ma fille non plus, on mange rien d'autre que ça. Nous, on mange du chocolat et on est en très bonne santé. Une fois, j'ai demandé à un médecin d'où j'avais hérité cette folie du chocolat et il a dit que c'est parce que je suis malade de tendresse. Ça, ça peut pas être vrai parce qu'on était si bien avec mon mari, tendres et tout, et pourtant on a mangé du chocolat pendant vingt ans tous les deux sans s'arrêter. On avait exactement les mêmes goûts : la même marque de chocolat, la même marque de cigarettes.

LA FEMME avait un chemisier éclatant de blancheur. Ses cheveux bouclés noirs ondulaient en vagues légères et ses lourds pendentifs en or se balançaient légèrement à chaque mouvement de son corps alors qu'elle découpait une cuisse de poulet dégoulinant de graisse dans la cafétéria du ferry Viking Line. Elle me jeta un regard rapide et perçant qui m'invitait à prendre place sur la chaise libre en bout de table.

– On a tué mon mari à coup de fusil il y a trois ans, dans la petite ville d'Ähtäri, c'était un fusil de chasse à canon scié et on a tiré de si près que la tête a éclaté d'un seul coup. Les murs de la maison étaient éclaboussés de cervelle.

La femme ouvre la bouche pour enfourner un énorme morceau d'aile de poulet, le mord à belles dents. Elle s'essuie ensuite les lèvres du revers de la main pour ôter les traces de graisse.

– C'était vraiment horrible de devoir nettoyer la maison dans tout ce désordre. Tu sais, ma petite, tu peux pas t'imaginer à quel point tout ce sang, ces morceaux de cervelle étaient collés aux murs. Avec ma mère, on a frotté, astiqué, on a pris des cristaux de soude et un balai-brosse et ça nous a pris trois jours avant que ça soit à peu près propre. Et encore aujourd'hui on peut voir ici et là des taches sur les pans de mur. Tu te rends compte, après trois ans. Le sang humain, c'est diablement dur à effacer.

La femme avale en faisant grand bruit un litre de lait, va chercher avec l'ongle de son petit doigt un chewing-gum coincé entre ses molaires et me regarde droit dans les yeux.

– Je suis restée veuve, j'avais vingt-trois ans, j'attendais un enfant de cet homme. Ça a été très dur. L'enfant me donnait des coups dans le ventre et moi, je devais continuer à nettoyer toute cette chair écrasée de l'homme. Si au moins ils l'avaient tué au couteau comme c'était la coutume. Ça aurait laissé moins de traces. Et les morts étaient plus beaux avant. Comme mon oncle qu'on a tué, il avait vingt-cinq ans, proprement, un coup de couteau droit dans le cœur. Il était allongé dans le cercueil avec un beau sourire. Mais mon mari, on n'a jamais pu voir son expression avec sa tête et la moitié du corps qui n'étaient plus que de la viande, des lambeaux de chair et de sang.

La femme ramasse les os dénudés, en fait un petit tas sur le bord de la table. Elle rote très fort.

ILS ARRIVENT toujours comme ça à la fin de la semaine. Ils montent du sud avec leurs forces militaires, cinq régiments en tout et ils sont là à occuper nos terres abandonnées. La vie nous poursuit jusqu'ici. Ils viennent avec leurs machines incroyables, leurs tanks, leurs hélicoptères, leurs chars d'assaut à chenilles et peut-être même avec des armes nucléaires. Même nous on peut voir de près comment ils savent bien le faire marcher tout cet armement et bien entretenu avec ça. C'était pas comme ça de notre temps, on n'avait qu'un fusil dans les mains et les pieds mouillés dans nos bottes même si on mettait du tissu dedans. De nos jours, c'est un jeu d'enfant de faire une guerre, ça se mène avec les ordinateurs et les soldats on a même pas besoin de les déplacer beaucoup sur le terrain. De notre temps, c'était pas comme ça, c'était terrible la guerre, la sueur nous collait au corps et on pataugeait dans la boue. Ça volait de partout. Maintenant, les soldats, ils se mettent du parfum, de la gomina dans les cheveux et comme ça ils sentent bien bon.

C'est ça le progrès, le monde va de l'avant, toujours, c'est bien. Moi, je trouve que c'est une bonne chose que la guerre, elle soit devenue une affaire propre. Je suis pas à ce point dingue que je regretterais l'ancien temps. Non, les gars, c'était pas le bon temps, maintenant, c'est bien mieux.

Moi avec ma femme on s'est toujours sentis avec le cœur pour la défense du pays, c'est pas croyable, dès qu'on a commencé à parler de cette guerre, ça fait quoi, deux ans, qu'on en a parlé. On en a causé longtemps ici, que ça s'était jamais vu et aussi comment ça s'était passé pendant la guerre d'hiver et la guerre de continuation contre les Russes. Souvenirs qu'on ravive.

Et maintenant quand on voit tous ces beaux jeunes hommes, c'est bien, on les chouchoute un peu, c'est vrai. Comme ça, ça nous fait un peu d'animation et de vie au village. On est comme des ours à hiberner ici tout seuls, mais eux ils sont jeunes, ils nous apportent du sang nouveau, y en a même qui viennent de Helsinki, paraît. Ça fait revivre le village et puis ça nous rend l'humeur gaie. Ces histoires de guerre, ça nous fait sentir plus unis, ça fait comme un sentiment patriotique, tout le monde participe. C'est quelque chose de beau à voir quand les chars commencent à creuser des trous dans les champs et que les bombes tombent un peu partout derrière le sauna. On peut dire que là y a du spectacle et de quoi discuter. Ils sont les bienvenus et on les attend de bon cœur. Ça va sûrement être bon pour notre village, ça lui donnera peut-être un nom et même, va savoir, peut-être qu'y en a un de ces jeunes qui pourrait rester et s'installer chez nous après cette guerre. Qui sait. Et que les hommes du Sud là-bas, ils sachent bien que ce village il a un nom et qu'il est encore là sur la carte du monde.

CE JOUR était sacrifié à la mort, tous les signes précurseurs le donnaient à entendre. Les lagopèdes blancs sur la route du village, immobilisés, sans peur, comme des statues de plâtre à la lisière du champ. Le grand animal noir, immobile, que personne ne parvenait à identifier, loup, ours? tandis qu'un grand corbeau noir volait depuis le matin – depuis qu'on avait trait les vaches – au-dessus de la maison.

Les forces de la mort étaient là, si présentes que tous dans la cabane se taisaient. Personne n'osait prononcer un seul mot, mais tous savaient qu'elle était dans la pièce. Ils se regardaient à tour de rôle, pris par la peur. Comme s'ils avaient voulu repousser la mort si lourde sur leurs épaules, la rejeter sur les épaules du voisin.

La grand-mère était assise au bord du lit et elle récitait doucement une prière. « Mon heure est venue », dit-elle si doucement que personne dans la cabane n'entendit même ses paroles. Le grand-père fumait la pipe au bout du banc et se moucha, la morve tomba sur le sol. Lui ne voulait pas mourir, tous le voyaient. Ses joues rouges pleines de vie, ses yeux clairs et le mouvement précis de sa main parlaient pour lui. Assis à la table, il y avait aussi Visa, le père et la mère. Tous mangeaient en silence, ils n'avaient pas ouvert la radio pour écouter les nouvelles du matin même s'ils l'avaient toujours fait avant.

Dans la cabane régnait une atmosphère lourde, il faisait sombre. La mère sortit pour aller à l'étable, le père s'en alla couper du bois derrière la maison. Visa resta dans la pièce se balançant sur le fauteuil à bascule, tout près de la grand-mère. Elle était déjà loin en route vers ce que l'homme ne peut jamais connaître. Visa regardait le corps de la grand-mère légèrement vacillant, plus proche de la mort déjà que de la naissance, les os traversant presque la peau sous l'épaisse chemise de coton, il sentait une paix et un repos infinis emplir son âme. Les fins cheveux gris de la grand-mère, ses petits yeux bleus enfoncés dans leurs orbites, ses petites mains ridées comme celles d'un bébé. Visa sentait la clarté et l'appel de la mort qui flottait dans l'air, allant de lui à la grand-mère.

La mère revint de l'étable et se mit à faire chauffer la soupe. Le père rentra pour manger sans que Visa ait eu besoin d'aller le chercher.

« Fais attention que la hache te coupe pas le pied », dit la mère en ramassant les assiettes sur la table.

« Cesse de dire des bêtises », dit le père essayant de cacher sa peur qu'il sentait à portée de la main.

« Donne à grand-mère un verre de lait », ordonna la mère à Visa.

Visa obéit immédiatement, porta le verre de lait à la grand-mère qui hocha la tête doucement et laissa ses yeux se fermer.

« Est-ce qu'elle est déjà morte ? » dit le grand-père, sur un ton d'indifférence, à l'autre bout du banc.

Personne ne répondit.

Au début de l'après-midi le soleil se leva, un soleil de printemps, tout resplendissait dans la clarté de cette lumière céleste. Les bancs de neige brillaient, déployant leur blancheur pure, le lac faisait miroiter sa couche de glace comme un appel, les bouleaux se dressaient comme de jeunes cygnes.

Visa commença à se sentir un peu nerveux. Il fallait qu'il s'en aille, loin, très loin, là où la terre et le ciel s'unissent sans fin aucune. Il alla chercher ses skis dans un coin de la cabane et partit sans jeter un regard derrière lui. Il skiait vers le lointain, au-delà du lac, vers les montagnes douces, immenses de blancheur. Le soleil brûlait, la chaleur l'appelait encore. Les lagopèdes s'envolèrent et disparurent l'espace d'un instant. Visa skia longtemps, tranquillement, bonnet de fourrure, skis de course... Il faisait de plus en plus chaud, il commença à transpirer, des gouttelettes de sueur apparurent sur son front. Il se sentait extrêmement calme. Peut-être les présages avaient-ils menti ? La grand-mère n'allait peut-être pas mourir aujourd'hui ? Visa sentait ses pensées défiler en lui, son corps devenir plus léger comme une plume. Il était souple, fluide, filant comme une flèche dans sa beauté. Tout semblait à sa place.

La mère était assise dans le fauteuil à bascule. Elle se retourna et jeta un regard rapide sur la grand-mère. Au même instant, l'oiseau noir vint heurter la fenêtre. La mère regarda sa montre: il était une heure passée. Elle bondit de son fauteuil et regarda la grand-mère.

« Elle nous a quittés ? » demanda le grand-père.

Personne ne répondit.

La mère sortit en courant, inquiète, vers l'arrière de la maison.

« L'oiseau noir s'est posé sur la fenêtre et grand-mère… »

« Morte ! » dit le père.

« … elle vit et elle sourit. »

Le père laissa tomber la hache dans la neige et courut dans la maison.

« Où est Visa ? » Il semblait très agité.

« Visa, il est parti skier sur le lac », répondit le grand-père, le regard fixé sur la fenêtre, vers le lointain.

La mère éclata en sanglots, le père se couvrit le visage pour cacher sa douleur.

Le soir on apporta le corps de Visa dans le sauna. Il semblait encore vivant, les joues rouges, une expression de bonheur illuminait son visage.

LE PAUVRE VIEUX, il est mort là, dans le lit, il s'est effondré d'un seul coup contre le mur et il a passé comme ça sans dire un mot. Il est parti comme ça, même pas le temps de dire ouf, et j'ai eu le temps de rien faire. On avait juste été au sauna et déjà dans le sauna j'ai vu qu'il avait du mal à respirer. Quand on est rentré dans la maison il m'a dit que ça lui faisait mal dans la poitrine, comme si y avait un poids qui l'étouffait. Je lui ai dit de se dépêcher d'aller se coucher et j'ai tiré le lit-divan, mais faut dire qu'il fait jamais beaucoup attention à ce que je lui dis. Et le voilà qui commence à s'agiter, moi je voyais bien qu'il y avait quelque chose de pas normal parce que je le surveillais un peu du coin de l'œil. Je regardais, enfin je faisais semblant, un match à la télé avant d'aller au lit. Il m'a suivie, le vieux, mais il a pas eu le temps d'aller bien loin, même pas le temps de compter jusqu'à trois et il avait rendu l'âme, l'était tout mort. Il avait même pas eu le temps de demander pardon à Dieu pour ses péchés et il est parti en terre comme un sans religion même si j'avais dit au pasteur qu'il avait reçu le pardon pour ses péchés et qu'il appelait tout le temps le bon Dieu quand il est mort. Cette nuit-là, j'ai pas eu le courage encore de téléphoner au chauffeur de taxi pour qu'il le porte à l'église et que le pasteur le bénisse. Je me suis couchée seulement à côté de lui comme avant et on a dormi côte à côte comme ça jusqu'au petit jour. J'ai téléphoné seulement après avoir bu mon café du matin. Le chauffeur de taxi est arrivé après qu'il a eu conduit les gosses à l'école et il a emmené le corps du vieux sur la banquette arrière directement à l'église, peut-être bien qu'il l'a porté tout de suite à la morgue, va savoir. Je l'ai enterré vite fait et j'ai pas fait des cérémonies pour son enterrement. C'était pas notre habitude avec le vieux de faire la causette aux gens. On est resté comme ça entre nous et c'était ce qu'on avait de mieux à faire. On s'est jamais mis en quatre pour les gens et la cafetière était jamais sur le feu pour le cas où y aurait de la visite. Comme ça on a toujours pu être tranquilles. Faut dire qu'y avait une bonne raison, notre baraque est tellement loin du village que ça décourage sûrement les gens de venir et puis faut dire que de nos jours, heureusement pour nous, les gens y sont devenus tellement paresseux que ça les fatiguerait trop de faire un kilomètre à pied. C'était encore l'hiver, tout juste un peu de printemps quand on l'a mis dans la terre. Je croyais que tout continuerait comme avant, mais pour du changement y a eu du changement. J'ai commencé à tousser un peu, et puis j'ai encore toussé, toussé, pas moyen que ça ait une fin. Je pouvais plus arriver à dormir du tout. Dès que j'étais couchée voilà la toux qui me reprenait et ça me brûlait la gorge que c'était pas croyable. Je faisais qu'écouter la radio jour et nuit et me forcer à pas tousser. Ça je le savais que c'était pas bon signe que j'aie cette toux qui me racle la gorge comme ça tout le temps sans pouvoir dormir. Après j'ai commencé à prendre les médicaments du vieux, tout ce que j'ai pu trouver comme médicaments et après j'ai pu dormir un peu mieux. Mais toujours quand je me réveillais, je crachais toutes les glaires que j'avais dans la gorge, y en avait plein le pot de chambre, que ça débordait presque, mais je dormais quand même comme un ange. Je me levais plus du tout du lit que pour mettre un peu de feu dans la maison et me faire cuire un peu de bouillon. Puis l'été est venu. Y avait plus besoin de chauffer la maison mais je pouvais toujours pas me lever, j'ai bu du kéfir et j'ai avalé tous les cachets que j'ai pu trouver à pleines poignées. Il avait ses placards tellement remplis de médicaments que je me demande pourquoi le médecin lui en avait donné tellement, y en avait pour des années et des années, des milliers de cachets. Mais le vieux, il avait jamais voulu y toucher. Alors moi, j'ai vidé tous les placards, je me suis avalé tous les cachets et pour ça j'ai bien dormi, comme une vraie marmotte. C'est seulement à l'automne que j'ai commencé à nager dans ma morve et ma merde et que j'étais tellement faible que je pouvais même plus aller jusqu'au placard de médicaments. Je sais pas si on peut même s'imaginer ce que c'est que rester comme ça pendant des mois sans rien manger, j'ai rien mangé d'autre que les médicaments et j'ai bu seulement du kéfir. Je sais pas ce que j'avais dans la tête, peut-être seulement ça qu'il fallait aller là au fond du trou avec mon pauvre vieux pour reposer à côté de lui. C'est peut-être ça que je pensais et je m'occupais de rien, je faisais rien, je nettoyais plus rien dans la baraque. Je restais là seulement couchée à écouter la radio et la télé en même temps, j'attendais la mort et je crachais tout mon sang. Et puis un jour voilà pas que ce cinglé de chauffeur de taxi arrive chez nous et le voilà qui commence à secouer notre porte comme s'il voulait l'arracher. Je m'étais toujours dit que les croque-morts arriveraient par là, mais c'était que ce cinglé de chauffeur de taxi, il m'a attrapée et il m'a portée sous son bras jusqu'à la voiture. Il m'a emmenée au centre médical et là ils m'ont tout de suite menée dans le service d'urgence en observation. Ils ont commencé à me faire toutes sortes d'examens et ils m'en ont trouvé des maladies, des milliers. Y avait plus rien d'autre à faire que d'avaler toutes leurs nouvelles pilules et en plus ils arrêtaient pas de me gueuler dessus que pourquoi j'étais pas venue me faire soigner plus tôt et tout ça. Bien sûr ils avaient raison, c'est vrai que la mort, elle avait pas été loin. J'étais tellement au bout du rouleau que j'avais plus que la peau sur les os toute ridée. Et ils me criaient encore dessus que j'avais pissé sur moi et que j'étais restée comme ça dans ma merde pendant des mois et des mois. Moi, je pouvais rien dire, je sais pas pourquoi ça s'est passé comme ça, qu'un être humain il peut descendre aussi bas. Moi, je sais pas. Je suis restée des mois et des mois à l'hôpital et ils me faisaient avaler leur sale nourriture artificielle avec leurs espèces de tuyaux dégueulasses que ça m'écœurait et j'ai dû rester comme ça toujours couchée avec tous leurs appareils, que je pouvais même pas bouger. Bon, c'est vrai que j'ai commencé à reprendre un peu de graisse sur le corps et à aller mieux. Maintenant je suis bien en chair et j'ai tenu la cabane en ordre, pfuitt, c'était vite fait, quand je suis revenue de l'hôpital.

Le service social de la paroisse pour ceux qui ont pas de travail, ils se sont occupés aussi de me trouver une aide ménagère, elle vient une fois par mois et elle apporte aussi de la bouffe quand elle vient. Y a une assistante sociale qui m'aide aussi quand j'ai besoin et maintenant c'est sûr qu'on s'occupe bien de moi. Mais moi je sais bien pourquoi nous, les pauvres, il faut toujours nous garder. Moi, je sais tout ce qu'ils mijotent derrière notre dos, à la mairie et tous les autres, ils veulent avoir notre maison, c'est ça qu'ils veulent, mais la maison, ils l'auront pas, ça je vous le jure et ils se foutent le doigt dans l'œil s'ils croient qu'ils vont l'avoir. Avec mon petit vieux on s'était arrangés entre nous. Il m'a laissé une lettre et moi, je lui en ai fait aussi une de lettre, notre testament, quoi. Quand je vais mourir, c'est lui qui va tout hériter. Ils pourront bien nous enterrer et la maison aussi au milieu de nous en plein dans le cimetière.

NOUS RESTIONS assis tous les trois, les poignets bandés, derrière la fenêtre, à regarder le paysage. De l'autre côté de la vitre, le printemps de Lapinlahti, un paysage humide de printemps, ondoyant sous le vent, où le vert commençait à poindre. C'est Runis qui avait les plus gros pansements. Le matin encore quelques gouttes de sang avaient coulé de ses blessures. Sûrement il avait dû enfoncer la lame le plus fort possible, il veut jamais rien faire à moitié. Perfectionniste pathétique. On aurait dit que Topis avait du plâtre sur la gueule tellement il était blanc et de grands cernes rouges sous les yeux. Il avait vraiment l'air en mauvais état. Son regard errait lentement sur ce paysage désespérant. Quand nos regards se sont rencontrés, j'ai vu un léger sourire passer sur ses lèvres, un sourire à la Topis. Je lui ai rendu son sourire, cela ne me dérangeait pas. Je m'étais ouvert les veines à l'un des poignets, mais sur l'autre la lame avait laissé sur la peau une trace qui attirait les regards, inexorablement. C'était vraiment une chose étrange et jusqu'à la fin ce fut pour moi un mystère. Topis cherchait le regard de Runis. Quand leurs regards se sont trouvés, Runis s'est mis à rire très fort avec une voix qui voulait dire t'en as vraiment pas assez vu comme ça, non. J'ai vérifié si le couloir était vide. Deux fous longeaient les murs, se dirigeant vers la cabine téléphonique, mais on n'avait pas besoin de s'occuper d'eux. J'ai mis mes vêtements qui étaient dans la pièce, j'ai déchiré mes pansements et j'ai franchi la porte d'entrée. L'infirmière de garde à l'entrée m'a jeté le même regard désagréable et maussade qu'elle m'avait lancé quand j'étais arrivé. Runis me suivait et le dernier, c'était Topis. Nous avons attendu dehors sous un vieux bouleau. Topis faisait de drôles de grimaces en essayant de retenir les gargouillis qui faisaient du bruit dans son ventre. Il avait enlevé un de ses pansements, celui de la main gauche, mais Runis, lui, avait encore les deux poignets bandés. C'était bien comme ça. Nous nous sommes promenés côte à côte sur le boulevard. Nous avons évité un taxi de couleur blanche qui venait vers nous. Le monde nous semblait tout à fait connu, le même que celui de la semaine précédente. Nous sommes allés à la station Shell de Leppäsuo. Nous avons bu du café et nous sommes montés dans le bus. À Kontula, nous sommes descendus du bus en vitesse. Nous avons traversé le centre commercial de Vesala. Nous nous sommes retrouvés dans l'appart de Runis comme d'habitude. Sur la table de la cuisine, il n'y avait plus de nappes volant dans le vent. On voyait encore sur le sol les flaques de sang séché de la semaine précédente. Topis m'a regardé droit dans les yeux. Runis était déjà près de la table et il cherchait le grand couteau Fiskars. J'ai arraché le couteau des mains de Runis et j'ai vu dans les yeux de Topis qu'il était prêt. Je me suis ouvert les veines le premier, c'est comme ça qu'on a toujours fait. Blessure légère. Ensuite Topis s'est ouvert profondément les veines de la main droite, il a arraché son bandage de la main gauche et a tendu le couteau à Runis. Runis a poussé une sorte de ricanement, il a arraché ses deux bandages et s'est enfoncé profondément le couteau dans la chair pour couper les veines.

DANS LE RÊVE il y avait des fleurs blanches partout. C'était un dimanche clair de juillet. Totalement silencieux. Je me demandais d'où venait cette profusion de fleurs, cet état étrange de suffocation, cette clarté brûlante du soleil, pourquoi il y avait tant de couronnes de fleurs et à qui elles étaient destinées. Soudain j'ai sursauté, je me suis éloignée précipitamment de la fenêtre et suis allée me réfugier dans un coin de la pièce car j'avais compris que tout cela était pour moi, que cette fête si étrange m'était destinée. Mais où étaient donc les gens, les habitants du village, les enfants en train de courir, les chats, les chiens ? Où étaient la table du banquet, la nappe blanche, le service à café ? J'ai touché mon visage, je ne l'ai pas trouvé. J'ai touché mon corps, mes jambes, mes coudes, je ne sentais rien. Je regardais ma poitrine, je touchais le vide. Je ressentais une angoisse profonde, la peur me prenait de cette solitude, de cet état invisible où seuls les morts savent marcher. On frappa à la porte. L'oncle de Laajasalo entra dans la pièce. Il portait un long manteau noir et à sa suite entrèrent la grand-mère, le grand-père, le forestier Mattila qui était tombé pendant la guerre et sa fiancée Maria. Ils me faisaient peur et j'essayais de me cacher derrière le four, les armoires à glace et sous la table de cuisine. Mais ils me suivaient et me tendaient leurs mains blêmes. Les yeux de Maria étaient doux, exactement comme avant la guerre, la grand-mère chantonnait un air, plongée dans ses pensées, comme elle le faisait quand j'étais petite et que je la regardais en cachette à travers l'entrebâillement de la porte de la chambre. Ils me saisirent, m'emportèrent et me déposèrent dans le cercueil. C'est à ce moment-là seulement que je compris que j'étais morte.

J'étais couchée à côté de Juhani et je transpirais de la tête aux pieds. Je me suis tournée avec précaution et j'ai repoussé un peu la couverture pour que l'air froid de la chambre sèche la sueur de ma peau. Je suis restée éveillée ainsi jusqu'au petit jour. Le matin est arrivé, un matin de brouillard dense, gris sale. J'ai traversé tout le village pour aller jusqu'à l'école dégager à la pelle la neige tombée pendant la nuit. J'avais une impression étrange, comme si ma tête frôlait les nuages et pendant toute la durée de l'hiver, je me sentais comme étouffée par un poids inconnu. Je ne pouvais plus jamais me sentir en paix, encore moins qu'avant et je restais éveillée la nuit encore plus souvent que d'habitude. Juhani n'avait rien remarqué, il disait ce qu'il avait à dire, pas un mot de plus, puis sombrait dans un sommeil lourd et profond. Quand le lac, au printemps, se libéra de ses lourdes entraves de glace, je compris enfin la signification de mon rêve et je décidai de commencer les préparatifs du départ. J'ai pris rendez-vous chez le coiffeur du village, ce qui ne m'était pas arrivé une seule fois après la naissance de mon dernier-né. Je me suis fait friser les cheveux qui sont devenus tout bouclés. J'ai demandé au coiffeur de me teindre les cheveux en roux et il m'a fait une belle coupe de cheveux qui mettait bien en valeur la forme du visage. Quand je suis rentrée le soir à la maison, Juhani m'a prise dans ses bras pour la première fois depuis deux mois. Le lendemain, j'ai commencé un régime pour maigrir. J'ai décidé de me nourrir seulement d'eau et de crack-pain de seigle. Le soir, je me faisais une petite collation avec un peu de viande séchée. Un soir, Juhani m'a demandé, l'air un peu embarrassé, ce qui m'était arrivé, il disait que j'embellissais de jour en jour. Peut-être pensait-il que je le trompais et que j'avais couché avec Lassi Nuuttinen. Ou alors que j'étais tombée amoureuse de lui, mais je lui ai juré que c'était impossible. Comment tout d'un coup après quinze années de mariage serais-je devenue infidèle ? J'essayais de lui expliquer qu'une femme se sent mieux quelquefois si elle maigrit et s'arrange un peu, que si on se fait belle, la compagnie au lit est plus agréable. Au début du mois de juin, j'ai pris rendez-vous pour aller chez le dentiste et j'ai décidé de me faire mettre de fausses dents. Juhani était contre cette idée. Je lui ai dit qu'à mon avis, avec de fausses dents, on avait l'air d'être beaucoup plus jeune et il a cédé. Il fallait bien puisque j'avais l'argent de la coopérative laitière qui était rentré sur mon compte. Le compte est à mon nom d'ailleurs et si vous vous voulez tout savoir, j'ai aussi le droit de tirer de l'argent à la banque. C'est avec cet argent que j'ai pu payer mes fausses dents. J'allais à l'église très souvent. On a commencé à essayer les fausses dents, à prendre les empreintes, à faire les moules et à limer les dents. Juhani a commencé à se demander si je n'avais pas des rendez-vous avec un homme à l'église, mais non je ne connaissais vraiment personne à l'église. D'ailleurs, dès que j'entrais dans l'église, tout le monde m'évitait. Pour eux, j'avais été une vieille femme laide, grosse, que sentait le fond de sa campagne. Ce fut août. L'été avait été exceptionnellement beau et chaud, l'herbe poussait à profusion et il y avait toutes sortes de fleurs dans les champs. Le lac nous donnait davantage de poisson que nous ne pouvions en manger. Tout annonçait un automne de récolte abondante. Le gel n'avait pas empêché le mûrissement des baies. L'automne arriva, j'avais rajeuni de vingt ans et cela provoquait l'étonnement des gens du village quand ils me voyaient. Les hommes du village commencèrent à venir nous rendre visite plus souvent et ils restaient plus longtemps. Je voyais le désir dans leurs regards et leurs gestes. Juhani avait commencé à me faire des reproches. Chaque nuit, il me disait que pour lui, il aurait mieux valu que je reste grosse et laide. Je le laissais dire, je supportais tout sans broncher, cela m'entrait par une oreille et ressortait par l'autre. La première semaine de septembre, juste avant que ne commence la cueillette des airelles, je suis allée m'acheter des vêtements neufs. Des pantalons, un manteau, des chaussures vernies, une chemise en soie. Quand je suis rentrée à la maison, Juhani m'a injuriée, il me criait est-ce que tu as l'intention de devenir une putain de riches ? Je lui ai répondu que j'avais tout payé avec l'argent de la récolte des myrtilles. J'étais presque prête. En revenant du sauna, je me suis fait les ongles, je me suis passé sur le visage de la crème antirides qui sentait bon, je me suis mis du vernis à ongles, je me suis parfumée et j'ai enfilé ma belle chemise de nuit en soie blanche. Juhani regardait la télévision. Je suis entrée dans la chambre à coucher, j'ai chuchoté quelques mots d'adieu aux oreilles des enfants et je suis allée me coucher. Juhani m'a rejointe un peu plus tard et il s'est plaint qu'il ne pouvait plus me toucher, que maintenant j'avais tellement changé que j'étais devenue une autre. Je lui ai dit qu'un beau cadavre est bien plus agréable à ses proches et à Dieu qu'un cadavre laid. J'ai vu dans ses yeux qu'il pensait que j'étais devenue folle. Il y avait dans son regard une expression de terreur et d'angoisse, il ne voulait plus parler, même pas me regarder. Je me suis endormie. Je m'avançais dans la cour remplie de fleurs blanches et je sentais la légèreté de mon être.

Étranger

IL FAISAIT chaud. Le soleil brillait derrière l'usine et teintait de bleu turquoise l'eau du port. Le garçon était debout sur le quai, un os à la main. Jambes nues. Il fermait doucement les yeux, aveuglé par la lumière du soleil. Le quai était jonché de gros morceaux de viande que les vagues, dociles, recouvraient de leur va-et-vient régulier. Des planches recouvertes de sang coagulé. Dans l'eau, près du bord, des lambeaux de chair de baleine, blancs, flottent. Le garçon se sent petit et faible. Il a attendu le bateau pendant trois jours. Il le voit arriver sur la mer, fatigué, dans sa blancheur maculée par la mort. Le garçon est resté là debout pendant trois jours. À regarder les pêcheurs qui sortent de la cale les monceaux de chair puante. Les ouvriers du port ont enlevé leurs chemises. Ils déchargent d'un mouvement incessant les gros morceaux de viande et les portent dans l'entrepôt frigorifique. Leur peau est éclaboussée de sang. Le garçon rince l'os dans l'eau et nettoie le sang coagulé sur les bouts de chair. Il se sent profondément triste. Ces montagnes couvertes de neige, cette eau qui l'entoure, ce sang gelé, cette viande puante seront aussi son avenir. Il ne connaîtra la vie que pour la perdre. Le garçon ramasse les morceaux de viande. Il les met dans une petite boîte en plastique, les porte à l'usine et rince dans l'eau froide ses pieds tachés de sang.

LE BAR a une forme rectangulaire. Long et étroit. Sur le mur, il y a de petites lampes assaillies par une lourde fumée grise. Au bar, des pêcheurs soûls, des marins qui parlent une langue étrangère et des putains de série B avec de gros seins. Tous parlent beaucoup et le moins distinctement possible. Il fait presque sombre, on entend crier de jeunes voleurs de voitures. Il y a des trafiquants de drogue. Des petits vieux à la retraite qui ont pris une cuite et sont complètement soûls. Deux moines dans leur bure noire entrent dans le bar. Ils se tiennent droits. Dignes. Le premier secoue la neige mouillée qui est tombée sur ses épaules, l'autre effleure légèrement de la main la petite croix en métal précieux qui pend autour de son cou, comme pour vérifier que la foi est toujours présente. Les moines s'avancent vers le comptoir, ils ont l'air d'être des habitués. Ils commandent à la serveuse épuisée de fatigue deux whiskies doubles. Ils emportent les verres, se dirigent vers la partie avant du bar et restent là derrière les pêcheurs esquimaux en colère. L'un des moines tire d'une poche intérieure de sa bure une pipe, la bourre et l'allume. Il avale la moitié de son verre et jette un coup d'œil rapide sur la bouteille de bière qui vole dans les airs et va frapper le mur d'en face. L'autre moine ouvre la bouche comme pour dire quelque chose puis la referme aussitôt. Il esquisse un sourire. Les moines vont chercher un deuxième, un troisième, puis un quatrième whisky double. Le moine qui fume la pipe tire encore une bouffée puis ils poursuivent leur chemin. Dans la rue un homme gît juste devant le bar, dans son sang, à demi recouvert par la neige. Le portier qui porte des gants de cuir regarde les moines et dit c'est ce qui arrive à ceux qui vous foutent des coups de pied dans les couilles. Les moines s'en vont, ils remontent la rue. Ils parviennent au sommet de la pente d'où l'on peut apercevoir toute la ville là en bas et même les vagues de l'Atlantique, comme dans les vieux films. Ils vont dans un hôtel cinq étoiles. Ils commandent le petit déjeuner et les journaux du jour. Ils prennent l'ascenseur jusqu'au quatrième étage et pénètrent dans une chambre pour deux personnes. Ils se déshabillent lentement, enlèvent leur habit religieux qu'ils suspendent avec précaution à des cintres de couleur blanche. Un des moines ouvre une bouteille de Jim Beam. Les moines s'assoient. Ils sont en sous-vêtements légers. Ils boivent encore deux coups. Ils se lavent ensemble et sombrent dans le sommeil, épuisés mais heureux, dans les draps de soie blanche qui tapissent le doux lit-piscine.

L'ÉGLISE était là, abandonnée, au milieu du silence. Le clocher s'était effondré quelques années auparavant. Les fenêtres condamnées, protégées par du contre-plaqué, les portes en planches mal ajustées pourrissaient lentement et grinçaient dans le vent. Tout autour de l'église, des blocs de pierres gelées scintillaient dans le soleil de l'hiver. Les nuages coulaient en masses blanches sur les flancs des montagnes. La femme s'approcha de l'église, elle voulut prier le soleil de cesser de briller l'espace d'un instant. Ses yeux, brûlés par la lumière, lui faisaient mal. La journée avait été longue, impitoyable. Dès le matin, elle avait ressenti un trouble étrange. Très vite elle avait pris son petit déjeuner et commencé ce voyage sans savoir où la conduisaient ses pas. La femme pénètre dans l'église. La neige a recouvert le sol, le tabernacle et les bancs, brisés en morceaux. Après être restée un moment debout devant l'autel, elle se souvient du rêve. Le vent fait battre les portes vermoulues et la neige entre en tourbillons dans l'église. Le vent a brisé le retable de l'autel et arraché tout ce qui se trouvait sur son passage. Elle tombe sur le sol devant l'autel. Elle se relève et se précipite vers les fenêtres. À travers les interstices, elle aperçoit les chevaux noirs qui luttent contre les tourbillons de neige. Ils entourent l'église et tentent de se ruer à l'intérieur. Elle a juste le temps de fermer les portes. Les chevaux, emballés, se dressent les uns contre les autres. Ils frappent de leurs sabots les murs usés par les pluies glacées. Ils hennissent. Dans la peur de la mort, leurs yeux brillent, immenses et mouillés. La femme prie pour que le soleil revienne et tue la tempête. De Jésus gisant sur la croix, s'écoulent des gouttes de sang qui tombent sur le sol. Le sang coule sans fin, rouge, chaud, violent, sous la mince couche de poussière et de neige. Il coule lentement le long du mur sur le tabernacle de l'autel et fait de grands trous rouges dans la neige qui commence à fondre. La femme ferme les yeux et comprend que rien ne sera plus comme avant. Les chevaux noirs ont disparu, la tempête s'est évanouie. C'est l'après-midi. Le soleil brille de nouveau. L'église est toujours là. La neige sur le tabernacle de l'autel est blanche et pure comme avant. Il n'y a plus de sang sur le retable de l'autel.

QUAND il eut jeté la terre sur le cercueil au nom du Père, du Fils et du Saint-Esprit, il rentra dans la sacristie, échangea son habit liturgique contre la bure noire du moine et releva le capuchon. Il sourit devant moi un instant, avala une longue gorgée de vin rouge qu'il but dans le calice et rota. Nous sommes sortis par la porte du fond, laissant derrière nous la façade pompeuse de l'église. Nous avons traversé la ville. Nous nous enfoncions dans la neige, nous glissions, silencieux, à travers les cours et les jardins enfouis dans cette blancheur pure. Il allait devant moi comme un pressentiment, sa bure noire se détachant sur le sol. La maison était jaune. Une vieille maison. Les marches de ciment avaient presque disparu sous la neige. Il a fait un léger signe de croix avant de franchir la porte et nous sommes entrés. Au-dessus de la porte pendait une image sainte déchirée par le vent. Je n'ai pas ôté mon manteau car il faisait froid à l'intérieur. J'étais assise à la table de la cuisine, je regardais les ordures et les tas de ferraille qui s'amoncelaient dans la cour.

Il a mis de l'eau à chauffer et il est allé chercher une bouteille dans le placard à alcools. Il m'a offert du rhum chaud et du miel. La chambre se trouvait derrière la cuisine. Il y avait un lit en bois, court et étroit. Sur la table de nuit, une Bible reliée en cuir. Deux cierges dans un chandelier en étain. Sur le mur, du papier peint orné de fleurs usé par le temps. Une petite fenêtre d'où je voyais des voitures rouges sous un toit de neige. Je suis entrée dans le lit. Je me suis enfouie sous l'épais tas de couvertures froid et humide. Il est venu à côté de moi. Il m'a caressé les cheveux un moment et s'est glissé sous la couverture. Il s'est pris un peu les pieds dans sa robe de bure, maladroitement. Le lit était étroit, le matelas dur. Il a embrassé mes yeux, touché mon cou. Il cherchait mes lèvres. J'ai enlevé mes chaussettes et je les ai lancées violemment sur le sol. Lui de même. J'ai jeté par terre mon pull-over, lui sa calotte de moine. Il m'a déshabillée. Il a ôté les cinq épaisseurs de vêtements que je portais. Je gisais nue dans le désordre des draps. Il ne souriait pas, mais je voyais tout dans ses yeux. J'ai allumé les cierges. Dans la lumière du jour, on ne voyait pas qu'ils brûlaient. Il a enlevé très vite son pantalon, mais il a gardé sa robe de bure et la lourde croix de métal qu'il portait autour du cou. Il avait de longs cheveux très noirs, une barbe bouclée, propre, très bien taillée et des mains blanches comme la neige. Il est entré en moi. J'ai ressenti une douleur plus forte que si j'avais reçu deux coups de stylet dans la poitrine. Le sang coulait et je le baisais, j'ai pris son beau pénis dans mes mains et il a gonflé comme une tour de Babel entre mes cuisses. Nous sommes restés ainsi jusqu'au matin, enfouis dans ce lit dur et étroit. Puis il a dû de nouveau se rendre à la sacristie par la porte du fond, échanger sa robe de bure contre l'habit liturgique et jeter de la terre sur la tombe des morts.

ENTRE le centre de la ville et l'hôtel de passage se trouve un immense marais. Il est gelé. Les froids glacés de février venus de l'Atlantique l'ont transformé en un champ scintillant de glace. La femme marche tout droit vers l'hôtel. Elle porte un manteau de fourrure et des bottes de cuir. Elle semble exaspérée par quelque chose. Dans le ciel, un avion à réaction laisse derrière lui une longue traînée blanche sur le ciel bleu outremer. La femme arrive près d'un buisson et ralentit l'allure. Elle a des élancements dans la poitrine. Un souvenir très lointain lui revient à l'esprit. C'est le milieu de l'été. L'herbe verte tapisse le sol comme un manteau. Le cochon pousse des cris stridents sous le couteau du paysan. Elle parvient après un effort de mémoire à se souvenir de l'endroit. C'est arrivé dans un autre lieu, dans un autre pays, mais cela a vraiment existé. Le visage de la femme devient triste, soudain. Elle plonge la main dans la poche de son manteau, elle sent le froid qui la gagne du sexe jusqu'à la racine des cheveux.

L'homme, caché derrière les buissons, retient son souffle. Il attend un peu, pour que la femme se trouve exactement à l'endroit prévu. Dans le regard de l'homme, on voit la peur, les veines des tempes se gonflent sous l'effort. Il reste silencieux, attend encore un instant puis attaque soudainement la femme par-derrière. Elle tombe sur le dos. Sa tête vient frapper la glace. La respiration de l'homme est rapide, haletante. Il a un visage blême, un visage d'enfant, des cheveux blonds qui flottent au vent, des gants de cuir noir. L'homme frappe la femme au visage et déchire la fourrure, il fourrage avec ses mains sous le chemisier et essaie de déboutonner son pantalon. La femme ne crie pas, elle regarde seulement l'homme, un regard qui le condamne. Il a l'air presque beau. La femme lève les yeux vers le ciel. La traînée blanche laissée par l'avion dans le ciel a disparu. Il y a seulement les nuages bleus et le froid qui fait dresser les tétons de ses seins.

– On pourrait faire ça au chaud, dit la femme tandis que l'homme tente désespérément d'ôter ses pantalons trop serrés.

L'homme sursaute et retire sa main. Il regarde la femme, un peu méfiant, puis libère les mains de la femme. Quelques gouttes de sang tombent sur le sol.

– J'ai une chambre, c'est un peu petit, mais il y fait chaud.

L'homme regarde les lèvres enflées de la femme. Il se relève très vite, libère la tête de la femme qu'il tenait prisonnière. Elle se lève en vacillant un peu sur ses jambes, reboutonne son chemisier et remet ses cheveux en ordre. Elle continue son chemin vers l'hôtel. L'homme la suit à quelques pas.

Le portier dort. Ils montent au premier étage et entrent dans la chambre la plus modeste. Ils se déshabillent. La femme a les gestes de l'habitude, l'homme des gestes un peu gauches. Elle défait le dessus-de-lit, s'allonge et regarde l'homme droit dans les yeux. Elle ne voit qu'un grand vide. La femme pousse un soupir, met la main entre ses cuisses. Elle ferme les yeux, un léger sourire se pose sur ses lèvres. L'homme se couche sur elle, un peu gêné. La femme caresse les épaules de l'homme. Il embrasse ses seins et son cou. Il essaye de la pénétrer mais sans pouvoir y parvenir. Elle ferme les yeux et avale sa salive. L'homme se roule sur le lit à côté d'elle et il sanglote comme un petit chien. Ils dorment ensemble enlacés jusqu'au matin. C'est l'heure pour la femme d'aller au travail. Elle prend sur la table de nuit le paquet de cigarettes et s'en va. L'homme se réveille en sursaut. Il se secoue. C'est plus de midi. Il sort de la chambre. Sans jeter un regard derrière lui.

L'HOMME à la mitre met le contact. Maserati gris-argent. Modèle 1959. La voiture démarre, passe devant le terminal de la douane du port ouest. Elle s'élance pleins feux vers l'est. À côté du pope une femme est assise. Elle a les cheveux noirs comme la nuit, un visage de femme esquimau, des jambes minces. Ils roulent sur une route étroite couverte de neige coupant à travers les versants du fjord. Ils s'arrêtent dans une station-service. C'est le silence. Ils boivent un café tiède, fument quelques cigarettes. Ils ont dépassé des poids lourds qui puent le poisson pourri. Des Lada qui crachent par leur tuyau d'échappement d'épais nuages noirs. D'immenses camions-remorques GNC aux roues monstrueuses qui obstruent la route, en longues files, dans la neige mouillée.

La maison est loin de tout et proche d'un précipice. Ils laissent la voiture dans le garage bien chauffé construit sur le bord du chemin. Ils suivent la route jusqu'à la maison. L'homme porte quatre sacs en plastique, la femme une valise en cuir à roulettes. La cour de la maison est vide. C'est une maison où il y a huit pièces. Tout est éteint. Sauf dans la huitième pièce où les lumières sont allumées. La femme enlève sa fourrure de léopard et la jette sur le canapé. Elle s'installe devant la télé. L'homme renverse le contenu des sacs en plastique sur la petite table de la cuisine. Il met une cassette vidéo B & O dans le magnétoscope et commence à zapper. L'image est nette, les couleurs sont belles. La femme allume une cigarette. Winston longue. Elle se plonge dans les paysages tropicaux du film.

Le pope ôte sa mitre et la dépose sur la table devant le canapé. Il enlève sa bure noire, la range dans un placard. Il enfile un pantalon de survêtement. Zic-Zac. Il met un tee-shirt où il y a sur le devant un numéro et au dos: Public Enemy. Il se dirige vers la cuisine à pas furtifs et allume le four à micro-ondes. Philips de Luxe. Il fait vrombir pendant un moment d'un air très concentré toute la gamme musicale. Moulinex, Krups, Miele, Zanussi. Sur le dessus du frigidaire Rosenlew, on entend une cassette de rap-music. Cool Key. Le rythme se mélange agréablement aux bruits sauvages de la jungle. Le repas est prêt un peu après onze heures. Le pope dresse la table, met des couverts noirs. Il va chercher à la cave deux bouteilles. Aloxe Cordonea 1978.

La femme se dirige paresseusement vers la table. Le pope lui désigne une chaise. La vidéo continue à dérouler son univers de paradis, le pope baisse un peu le son de Cool Key.

– Ce genre de vision divine, théiste et naïve ne

répond pas aux questions existentielles que se pose l'homme post-moderne, dit la femme et elle avale d'une bouchée un gros morceau de viande.

– J'ai cherché, quant à moi, une solution dans la contemplation, répond le pope en cherchant le regard de la femme.

Elle regarde fixement le bifteck saignant.

– Si cela est une consolation.

Après la prière, le pope met les couverts dans la machine à laver la vaisselle. Zanussi. Il lave et essuie le mixer. Krups. Le robot. Moulinex. Le batteur et la cafetière électrique pour l'expresso. Miele. Puis il range bien la cuisine. Quand tout est prêt, il attrape une bouteille de Puttony Tokajia. Année 1956. Elle n'a pas encore été ouverte. Il s'installe dans la salle de séjour. La femme dort sur le canapé avec sa fourrure de léopard en guise de couverture. Le pope éteint le magnétoscope qui continue à ronronner, s'affale dans le fauteuil et reste là jusqu'à cinq heures du matin, l'air abattu, contemplatif.

C'ÉTAIT DÉJÀ TARD dans la soirée. Je suis partie chercher Nick Cave au centre-ville, mais ce qui m'est tombé sous la main n'avait rien à voir avec un Nick Cave. C'était un pêcheur aux joues rouges, luisant de graisse, qui venait de la côte est. Je le déshabille et je lui parle longtemps et noblement de l'amour, des étoiles et de l'attraction terrestre. Il est tout yeux tout oreilles, il a un sourire innocent, un peu idiot. De moi, il veut tout et vite. Je lui offre tout ce que je peux lui donner de mieux. Le lendemain matin, dans la chambre d'hôtel, il gazouille comme un enfant qui vient d'avoir sa tétée. Le lit grince. Il me veut encore. Je fais ce qu'il désire. Je lui souris, je lui chuchote des mots doux à l'oreille, je lui offre tout ce que je possède sur un plateau d'argent. Je le laisse entrer en moi et au même instant je le saisis à la gorge et je serre aussi fort que je peux. Il y a un léger râle, puis la vie quitte ce corps luisant de graisse. Je me lève, je m'habille, je commande le petit déjeuner et je disparais.

C'EST LE VENDREDI SAINT. Les cloches de l'église résonnent dans les ruelles du village de pêcheurs. Le Marocain arrache le papier doré qui enveloppe l'œuf de Pâques. Il est debout au milieu de la pièce. C'est la cuisine collective d'un logement, dans la cité ouvrière de l'usine de poisson. Tout est calme et silencieux. L'homme croque un morceau d'œuf en chocolat, le pose sur la table et jette un coup d'œil sur sa montre. Il froisse d'un geste rapide le papier doré, le jette à la poubelle, traverse l'entrée et pénètre dans la pièce. Tout semble prêt. Dans le fauteuil, la robe de bure grise déchirée. Sur le lit, la cagoule du bourreau. Sur le sol, des bandes de tissu pour se protéger du froid. L'homme revêt la robe de bure. Il rabat le capuchon sur sa tête et vérifie dans la glace qu'il est bien attaché. Il lace avec soin les bandes de tissu sur ses chaussures en cuir noir et s'éloigne dans le couloir. Devant la porte d'entrée il y a une croix en polystyrène. On l'a peinte maladroitement pour lui donner l'air d'une croix en bois. L'homme jette la croix sur son épaule. Il se dirige à pas pressés vers le port de pêche d'où la procession doit partir. Le port est vide. L'homme jette un regard rapide autour de lui, fume une cigarette et crache sur le quai avant de continuer son chemin. Les mouettes volent très bas en grands nuages blancs, dans un grand silence. La croix oscille légèrement sur l'épaule de l'homme. Il y a du soleil, le temps est calme. L'homme traverse la rue d'un pas lourd, le dos courbé, le regard rivé au sol. Soudain, en un éclair, les gens envahissent la rue. On entend résonner partout des cris de douleur et de lamentation. Les mouettes crient, les femmes hurlent comme des cochons que l'on égorge. Les hommes lèvent les bras comme pour saisir la dernière bouée qui doit leur sauver la vie. Les visages des enfants sont tordus par d'étranges douleurs. L'homme avance avec peine, il chancelle, se prend les pieds dans sa bure déchirée. Enfin s'effondre sous le poids de la croix. Un homme sort de la foule et court vers lui. Il est vêtu d'un costume bleu et d'une chemise blanche. Tout en essuyant les larmes qui coulent sur ses joues, il se précipite pour aider l'homme qui courbe le dos sous son fardeau. Maintenant c'est lui qui porte la croix. Il semble à chaque instant sur le point de s'effondrer. La foule suit les porteurs de croix et les cris de lamentation s'élèvent de plus en plus fort jusqu'au sommet des montagnes si douces, couvertes de neige. Il y a encore six cents mètres à faire pour atteindre l'église. La foule se presse devant le porche. Il y a tant de monde que seul l'homme au capuchon peut pénétrer à l'intérieur. Quand l'homme au costume bleu, avec un regard de miséricorde, a refermé la porte de l'église sur celui qui porte la croix, la foule cesse ses lamentations. Les gens essuient leurs larmes, rient et plaisantent en se dépêchant de regagner leurs foyers où le gigot d'agneau les attend. L'homme, d'un air las, dépose la croix dans l'entrée de l'église, se dirige vers la chaire et enlève ses vêtements. Il va aux toilettes. Se passe de la gomina et coiffe ses cheveux bien en arrière. Enfile ses jeans, son blouson de cuir marron. Retourne à la cité ouvrière. S'assoit à la table de la cuisine et mange avec délectation la deuxième moitié de l'œuf en chocolat.

CINQ HOMMES sont assis autour d'une table. Le plus âgé a sorti un jeu de cartes en os de baleine et distribue les cartes. Personne ne parle. Les hommes jouent très vite sans se regarder. Leurs visages sont graves. Un épais nuage de fumée envahit la pièce. La pile de pièces de monnaie qui sert de mise grandit à chaque tour de jeu. Le vieil homme a perdu, comme toujours. Non pas qu'il soit le plus mauvais joueur mais parce qu'il ne sait plus où est sa place. Jadis, il était roi, aujourd'hui il est mendiant. Il jette un regard sur ses compagnons de jeu. Ce sont des hommes jeunes qui ont toute la vie devant eux. Ils respirent la force, la santé, le désir. Le vieil homme sait qu'au dernier tour de jeu il aura tout perdu et qu'il sera au même instant devenu un autre. Ses derniers billets de banque flottent dans ses poches. Les hommes jeunes ne sourient pas, même s'ils auraient pourtant des raisons de le faire. Leurs visages restent sévères. Il y a dans leur regard une expression qui impose le respect. Les lumières s'éteignent. Ils s'en vont. La nuit semble humide et lourde. Ils marchent dans les rues, dans la neige mouillée, vers le centre de la ville. Chacun pense à ses victoires et à ses défaites. Le vieil homme quitte le bar le dernier. Cela lui est facile parce qu'il a perdu plus que les autres. Ces hommes jeunes ont de larges épaules, des bras pleins de force et cela lui fait ressentir encore davantage sa plus grande faiblesse. Il touche le pistolet qui pend à sa ceinture, allume une cigarette, la fume jusqu'au bout. Il sort prudemment son arme. Personne n'a rien remarqué. Dans la rue il tire sur les quatre hommes. Dans le dos. Le sang coule. La neige boueuse se teinte de rouge. Le vieil homme s'approche des corps affaissés sur le sol. Les hommes ont des trous dans la poitrine qui semblent très petits, presque invisibles. Il vérifie que la vie a bien quitté leurs corps et enfonce le canon du revolver dans sa bouche.

AU MÊME MOMENT où sur la base militaire les soldats revêtent leur combinaison de cuir et leurs bottes d'aviateurs, le pasteur est rentré chez lui. Il a déposé sa collerette sur la table de la cuisine. Il a embrassé la femme qui ne sourit jamais. La femme est assise à côté du congélateur sur un tabouret. Elle regarde l'homme. Il lui tend une poignée de cachets de couleur jaune qu'elle avale très vite comme si elle en avait l'habitude. La femme est extraordinairement belle, jeune, névrosée. L'homme sort du Frigidaire des provisions, prend dans le placard une lampe électrique et fourre le tout dans un petit sac à dos. Il attache au cou de la femme un mince collier en cuir et à ce collier une chaîne dorée. Il fixe solidement l'extrémité de la chaîne à la poignée du congélateur. La femme suit avec attention chacun de ses gestes. L'homme sort de sa poche trois petites boîtes de médicaments et dispose les pilules en trois rangées sur le bord de la fenêtre. Il jette un coup d'œil sur la femme, lève l'index en un geste d'interdiction accompagné d'un « ta-ta-ta, touche pas à ça ». Il saisit le sac à dos et disparaît car il doit se trouver à temps sur le bord du glacier avant le crépuscule. La femme se laisse glisser sur le sol dès que les bruits de pas se sont éloignés. Elle tient la chaîne dans sa main, lève la tête et regarde vers la fenêtre où elle peut voir un bout de ciel. Elle se demande qui est donc cet homme vêtu de noir qui s'introduit toujours ainsi dans sa maison et dans sa vie. Qui est donc cet homme étrange vêtu de blanc qui vient si rarement et disparaît toujours ? Peut-être est-ce un étranger de la troisième galaxie, qui lui veut du bien, un ange ayant revêtu la forme du diable. Cette pensée l'apaise. À l'instant où elle laisse ses paupières lourdes se fermer avec un sentiment de merveilleux bonheur, le ciel se couvre de quinze hélicoptères de reconnaissance. Ils forment une escadre silencieuse dessinant dans le ciel une charrue qui avance rapidement vers l'est et projette sur la ville l'ombre d'un oiseau noir.

ON S'EST RENCONTRÉS à l'arrêt d'autobus en dehors de la ville à six heures du matin. C'était un Noir qui avait cinq grands sacs en plastique bourrés de toutes sortes d'objets. Il portait un tambour bongo en bandoulière. Il m'a demandé si j'allais vers la côte Est. Il tombait doucement un peu de neige mouillée. Nous nous sommes assis sur nos sacs. Nous avons fumé des cigarettes américaines d'importation. Le bus est arrivé avec deux heures de retard. L'homme venait des savanes de l'Afrique centrale, quelque part près de la frontière du Zaïre. Il était arrivé sept jours plus tôt en bateau. Il venait de l'autre côté de l'Atlantique et il avait l'intention de rester. Pourquoi, il n'a pas su me l'expliquer. Nous sommes restés assis dans le bus pendant onze heures à demi endormis. À travers les tempêtes de neige, les averses, le soleil et les bancs de neige. Tard le soir, nous sommes arrivés dans une petite ville portuaire. La rue principale était vide, les vitrines étaient éteintes. Nos yeux ne voyaient qu'un immense panneau publicitaire pour une société pétrolière scintillant dans le noir sur le versant de la montagne. Nous avons pris une chambre à deux derrière l'usine de poisson. Une grande fenêtre. Une moquette sale avec des traces de punaises écrasées. Deux lits en fer. Le matin, nous sommes allés à l'usine de poisson, mais on ne nous a pas donné de travail. Lui, parce qu'il était trop noir et qu'il avait un corps primitif. Moi, parce que j'étais venue avec lui. Nous sommes restés assis pendant trois jours chacun dans notre lit sous l'épaisseur des couvertures. Nous avons bu du café instantané. Nous nous sommes tournés et retournés dans nos lits. Nous finissions par nous sentir déprimés devant ce paysage, ces blocs de rochers immenses figés et glacés. Le soleil de l'Afrique lui manquait. J'oubliais le passé et ne construisais aucun avenir. Le quatrième jour, nous sommes revenus en autobus dans la capitale. Au-dessus de l'Atlantique brillait un soleil bleu électrique. Je savais qu'un jour la vie serait différente.

APRÈS AVOIR vérifié la mise au point, l'homme à l'appareil photo appuie sur le déclencheur. La photo est prise. Quelques instants plus tard, l'appareil crache par sa partie inférieure un bout de papier. L'homme tend le petit carré noir à la femme en souriant.

– Avec un peu de patience, tu pourras bientôt voir la photo.

La femme rejette en arrière ses longs cheveux noirs bouclés. Elle regarde le petit carré noir d'un air méfiant.

– Bientôt, la photo sera là.

La femme lui jette un regard sceptique. Elle regarde encore le bout de papier.

– Est-ce que j'étais bien ?

– Parfaite, répond l'homme.

Il a les lèvres sèches. Il se mouille les lèvres doucement.

C'est le silence. Sous le petit bikini noir, on devine les seins bronzés couleur café, le ventre mince et les fesses de la femme, presque invisibles. L'homme désire la femme. Tous ceux qui sont couchés sur la plage le voient. La femme change de position. Elle s'appuie sur l'autre jambe et elle prend un air las.

– Non, ça donne rien du tout. On voit que du noir.

– Tu as raison, dit l'homme.

D'un geste rapide, il saisit le bout de papier noir et jette la photo sur le sol. La femme lui prend la main. Main dans la main, ils courent le long du rivage, très loin, jusqu'aux rochers. Ils rient, tout essoufflés, ils s'embrassent.

La plage est déserte. La jeune fille se promène le long du rivage dans son manteau de laine blanc. Elle trouve la photo. On voit la mer bleue, une belle femme avec de petits seins dans son bikini noir. La femme sourit. La jeune fille regarde longtemps la photo. Elle ressent une étrange jouissance. Sans même prendre le temps de jeter un regard autour d'elle, elle glisse la photo dans la poche de sa robe et rentre chez elle. Là, elle reste assise, en silence. Après que le père a éteint la télévision et que la mère a tiré la chasse d'eau, elle se déshabille. Elle tire la photo de dessous son matelas et l'embrasse.

CE PAYS est à moi, ce fjord, ces douces montagnes, ces gouffres entre les monts. Quand j'étais enfant, le vent soufflait, froid et déchirant, venu du large de l'Atlantique. Je descendais en courant au fond du précipice au bord du torrent. Là je me sentais à l'abri. Comme au fond d'une bouteille, dans le silence. Pourtant ce paysage ne m'a pas donné la paix. Mon père n'avait aucune pitié. Il m'obligeait à l'accompagner dans ses longues expéditions de pêche au grand large sur l'Atlantique. J'avais froid. Il m'obligeait à manger du poisson cru qu'il venait de pêcher. Mon père était sûr de lui, il avait une volonté implacable. Aujourd'hui encore, bien qu'il soit sous la terre, il ne me laisse pas en paix. Il ne cesse de s'introduire dans le monde des vivants. Petit, dur et cruel. C'est ainsi que je le vois au milieu des paysages de mon enfance, battus par la grêle et le vent.

Ma mère n'a jamais eu de véritable existence. Je l'apercevais parfois quand elle quittait la cuisine et descendait en courant comme une flèche dans la cour. Je la voyais partir le long du sentier vers les rives du fjord pour aller chercher des poissons séchés et soudain elle avait disparu. Je ne sais pas qui était ma mère, je ne sais pas d'où elle venait et vers où allait son regard. Je suis devenu un homme sans force ni volonté. Je suis un vivant poursuivi par les morts et qui prend les jambes à son cou pour garder la vie sauve. Les gouffres de mon enfance se remplissent de sable, les montagnes se désagrègent dans le fjord, le fjord laisse ses eaux s'anéantir dans l'océan.

LE JOUR DE NOËL, les lumières et les guirlandes brillent dans toutes les maisons, diffusant une belle clarté d'or. Même dans les cours et les jardins, des lumières de Noël pendent aux arbres, clignotent et scintillent doucement. L'homme est sorti de la maison, l'atmosphère dans cette petite pièce basse de plafond l'oppresse comme un couvercle. Les rues sont désertes. La neige qui vient de tomber couvre la ville. L'homme descend vers le port. La neige fond. Le port est gris et morose dans cette boue noire. Pétroliers. Pontons, quais de déchargement. Grues immobiles, figées sur place. Cygnes blancs qui mordillent de petits morceaux de pain informes gonflés d'eau. Eaux sales et puantes du port. L'homme dépasse les quais, encombrés de containers, de poids lourds immobiles. Il gravit les pentes de la montagne. Il voudrait atteindre le sommet pour mieux se contempler face à la ville. Les flancs de la montagne sont figés, sous la neige glacée. Il glisse sur les plaques de glace et avance à quatre pattes vers le sommet. Il chancelle à plusieurs reprises puis s'effondre, quelques mètres plus bas.

Bientôt il fait presque noir. Les lumières de la ville dans la vallée ne sont plus dans le lointain que quelques points lumineux. L'homme sent la peur qui peu à peu le paralyse. Les premières bourrasques de vent se déchaînent. En l'espace d'un instant une énorme tempête de neige assaille la montagne. La neige le fouette en plein visage de ses cristaux de glace. L'homme essaye de se protéger, mais le vent l'arrache au sol avec une force indomptable. L'homme tombe en sanglotant, il se sent vaincu, découragé, un désespoir profond l'envahit. Le sommet de la montagne, la ville, le port ont disparu. Il n'y a plus que cette pluie de glace, que l'infini noir comme la nuit et la mort qui attend sa victime.

L'homme se réveille soudain dans l'immense étendue blanche. Sous l'épaisseur de la neige, il n'est plus qu'un petit tas de vie humaine. Il se met debout, lève les yeux vers le ciel. Une lune jaune éclaire le sommet de la montagne et les étoiles lui montrent le chemin de la ville. Le sang circule vite, brûlant dans ses veines. Son cœur bat plus fort que jamais. Il secoue la neige qui poudre ses cheveux et ses chaussures. Il descend calmement vers le grand vide, la ville scintillante dans les lumières de Noël.

DEPUIS UNE SEMAINE je sens sa présence dans la ville. On ne s'est pas vus une seule fois. Je ne sais pas pourquoi je refuse cette rencontre. Je me promène loin du centre-ville. Le soir, je ne bouge pas, j'évite les rues et les cafés. Je ne veux pas courir le risque d'une rencontre par surprise. Je n'aime pas qu'on envahisse mon pays, ma ville. C'est mon seul univers. Je ne veux pas qu'on y mette les pieds, qu'on y sème le désordre. J'ai entendu qu'on sonnait à la porte d'entrée. Je n'ai pas éteint les lumières, je n'ai pas ouvert la porte. Je ne pouvais pas lui cacher que j'étais là. On a jeté un bout de papier dans la boîte aux lettres, j'ai lu un nom d'hôtel et un numéro de téléphone. J'ai regardé longtemps ce bout de papier avant de le jeter à la poubelle. Ça fait trois ans que je l'ai quittée. Je voulais être un cow-boy qui disparaît sans dire adieu et qui fait croire qu'il reviendra un jour. Je n'avais pas l'intention de revenir et je n'ai pas l'intention de le faire aujourd'hui non plus. Je l'ai laissée parce que je voulais vivre seul. Je n'aime pas l'odeur des autres, les regards inattendus, les situations embarrassantes à table ou devant la télévision. Je veux vivre seul, je n'ai besoin de personne et surtout pas d'une femme qui de tout fait un drame. Pourtant, je reste seul, assis dans ce fauteuil, dans cette cave étroite. Cela fait déjà sept jours et je pense à elle sans arrêt. Je n'ai pas un instant de paix, elle est toujours présente en moi. Cela me met dans un tel état d'excitation que je ne peux pas dormir. Je sens mon cœur qui bat jusque dans mon cerveau et aux bouts des ongles. Ce qui m'excite, c'est de la savoir dans la ville, dans un hôtel voisin, de savoir que je suis là, moi, enfermé dans cette cave où j'étouffe. Je pourrais bien sûr calmer mon désir très facilement, déboutonner mon pantalon et sortir mon sexe, mais je ne le fais pas. Je veux jouir de cette sensation de torture jusqu'au bout, la retenir en moi aussi longtemps qu'elle sera dans la ville. Je veux jouir de chaque seconde qu'elle passera dans cette ville. Je me torture moi-même en prolongeant l'excitation. Je ne me fais grâce que lorsque je sais qu'elle a repris l'avion et qu'elle est retournée dans son pays.

Économie et sport

TOUS LES MERCREDIS après-midi, quand j'ai fini les travaux en forêt, je fais toujours la même chose. Je ramasse les bouteilles de bière vides sur le comptoir et je traverse la cour, mon sac plastique à la main. Je marche sur la route qui disparaît sous la neige. Je vais attendre devant l'abri et la plate-forme où la coopérative vient chercher le lait. Ça a l'air d'une belle journée. Il ne gèle presque pas, le soleil scintille sur les champs de neige quand on regarde vers le sud-ouest. Devant la plate-forme il y a deux vieilles et un petit vieux. Le petit vieux a lui aussi un sac en plastique plein de bouteilles vides. On reste debout l'un à côté de l'autre en silence comme on fait toujours. Personne n'a rien à se dire, aucune nouvelle à échanger. Qu'est-ce qui pourrait bien se passer ici en une semaine? Une semaine, un mois, une année, c'est pareil. Le car du marchand ambulant, un vieil autobus fatigué, vient de prendre le tournant et après avoir décrit une légère courbe s'arrête devant nous. L'homme a toujours la même expression d'indifférence. Il ne lui reste que quelques dents mal lavées, comme moi. Il a le ventre plat, des rides autour des yeux. Je sors seize bouteilles de Lapin Kulta vides de mon panier, comme d'habitude, et je lui balance devant le nez ce que j'ai à lui offrir. Je pose les bouteilles sur le moteur qui sert de comptoir. Je tire de ma poche l'argent que je fourre dans la grosse main du type. J'ai en réserve un trésor de petites pièces. Le marchand compte l'argent, je suis content. La vie semble toujours un peu plus assurée quand on a dans un sac en plastique seize bouteilles pleines de bière. L'homme me regarde : « Il manque quinze pennies, comment t'as foutu ton compte, toi, que tu me rends pas la monnaie qu'y faut, t'as vraiment rien dans la tête. » Je redescends sur la route et je lui dis que je vais à la maison chercher les pennies qui manquent. Le marchand ne dit ni oui ni non. Son visage est l'indifférence même. Je comprends que c'est une question de vie ou de mort. Je prends les pièces de monnaie dans la boîte à café, j'attrape au-dessus du lit le fusil à tirer l'élan et je reviens vers l'autocar. Les vieilles bonnes femmes sont encore là à tourner en rond avec leur pain de seigle à la main. Je donne au marchand les pièces qui manquaient. Il a les yeux qui lui sortent de la tête, tellement il a l'air content, et malicieux avec ça. Je lève le fusil, je vois le regard de l'homme un peu affolé mais sûr de lui, toujours. Je tire avant qu'un seul des clients ait eu le temps de remarquer quoi que ce soit. Les vieilles bonnes femmes vident l'autocar des marchandises qui s'y trouvent encore et remplissent leurs paniers sans même jeter un coup d'œil sur le corps plein de sang du marchand. Elles descendent de l'autocar sur la route. Je remplis un sac de bouteilles de bière, je jette le fusil sur mon épaule et je rentre à la maison. C'est l'heure du café, mais comme ce jour a été différent des autres, je décide d'ouvrir une bouteille de bière. Je m'assois à la table. J'éprouve un plaisir intense en entendant la capsule siffler et je bois la bière en jouissant du goût savoureux du malt.

ÇA S'EST PASSÉ le jeudi soir comme ça doit se passer tous les jeudis soir. Je suis arrivé du travail. Je me suis attaché au fauteuil de cuir noir comme je l'ai toujours fait chaque jeudi soir depuis cinq ans. Sauf si je suis en voyage pour mon travail ou s'il y a quelque autre empêchement. Je suis revenu en voiture à la maison. J'ai lu le journal assis à la table de la cuisine. J'ai bu un verre de whisky. J'ai descendu les stores et j'ai allumé la petite lampe de la table qui éclaire faiblement la pièce. Je me suis déshabillé, j'ai suspendu mes vêtements sur un cintre. Je me suis assis dans le fauteuil. Je respirais profondément, calmement. Je me sentais complètement détendu et j'ai pu expirer toutes les scories de la terre qui s'étaient accumulées en moi pendant toute la semaine. Je suis allé chercher une corde dans le placard et j'ai allumé aussi la lampe de l'aquarium en face du fauteuil. Je me suis attaché comme je fais d'habitude, en serrant bien fort la corde, de façon à me faire le plus mal possible. Mon gros ventre était tellement serré que les plis de graisse se gonflaient sous la pression et mes poumons étaient tellement comprimés que je ne pouvais respirer que par saccades. J'ai attaché l'extrémité de la corde au gland du pénis et aux deux testicules entre les cuisses. J'ai serré si fort que des gouttes de sueur sont apparues sur mon front. Je suis resté assis sans bouger pendant longtemps comme d'habitude et je me suis forcé à penser à toutes les formes de torture les plus étranges et les plus douloureuses. J'éprouvais un sentiment de grand bien-être qui emplissait mon corps. Je m'imaginais à la place d'un commandant de camp de concentration qui enfonce la crosse d'un fusil dans le vagin d'une jeune fille juive. Je pensais à un mercenaire en train de trancher la gorge à un vieillard qui le supplie de lui faire grâce dans la jungle. Je sentais à quel point ces pensées me calmaient après ma longue journée de travail et de responsabilités. De ma main restée libre j'ai attrapé un petit couteau qui se trouvait sous le coussin du fauteuil. J'ai commencé à me faire de petites entailles à la surface interne des cuisses et presque au niveau du sexe. Le sang a commencé à couler. Cela me faisait un effet de purification. Les anciennes plaies ne sont pas encore tout à fait cicatrisées. Il y en a plusieurs côte à côte, le long des cuisses, mais nulle part ailleurs, seulement à la surface interne des cuisses et près du sexe. Le sang coule très chaud en petites rivières de sang entre mes jambes. Cela me réchauffe délicieusement. Je cache le couteau de nouveau sous le fauteuil et je m'endors. Je fais un rêve:

C'est en juin. Il fait chaud. Je reviens du travail et je me dirige vers la maison. Je me sens très heureux. Ma femme vient à ma rencontre. Je veux l'embrasser mais elle me rejette. Elle me crie des injures, elle est folle de colère, me lance des insultes et finit par se jeter de toutes ses forces sur moi. Une idée me vient soudain à l'esprit. Je la saisis par le bras, je l'entraîne dans la chambre, je la bâillonne et je l'attache à la penderie. Je vais chercher un arc et des flèches. Les yeux de ma femme s'agrandissent de terreur et de douleur. La sueur coule sur son front, mais en fin de compte elle ne peut en aucune manière comprendre ce qui se passe. Je baisse les stores, je me place à quelques mètres. Je tends l'arc. Je vois encore dans ses yeux une expression pétrifiée de terreur. La flèche fend l'air. Elle traverse directement le crâne et va se planter dans la porte du placard.

Je me réveille en sursaut. Le sang a séché et a dessiné des stries rouges sur mes pieds. Mes fesses sont collées au cuir noir. Je soulève les fesses, l'extrémité de la corde se détache. J'enlève très vite la camisole de force, je cache la corde dans le placard et je vais sous la douche. Tout en me lavant, je chantonne un chant national et je me passe sur le corps un baume à l'huile. Je me sens bien, calme. Après avoir pris ma douche, je désinfecte mes blessures et j'applique sur les plaies une crème aux herbes naturelles cicatrisante. Je mets mon costume bleu. J'ouvre les stores et je me verse un deuxième whisky.

CE SOIR, je me paye un mec. C'est pas parce que je veux vraiment avoir un mec, mais c'est parce que j'ai mis pour la première fois les sous-vêtements noirs en dentelle que j'ai achetés à Paris. Ceux qui mettent si bien en valeur mes seins ronds et la belle courbe de mes hanches. Je veux un homme parce que je veux me montrer ce soir en public dans les plus beaux sous-vêtements qu'on puisse trouver en Europe. Je vais dans le salon de l'hôtel, je commande un Campari. Je choisis un homme qui a un regard froid, les tempes grises. Il a l'air réservé. Je l'emmène dans sa chambre d'hôtel, je commande une grande bouteille de champagne et une portion de caviar russe. Je lui offre du feu. Il enlève très vite mes jarretelles. Je le laisse me déshabiller, enlever ma jupe rouge qu'il jette sur le canapé. Je m'étire langoureusement et je fais la chatte. Je souris comme pour me donner à lui. Il accroche sa veste au cintre, étale sa chemise blanche sur le dossier de la chaise, plie soigneusement son pantalon à rayures et le dépose avec un soin extrême dans le placard. Il vient à côté de moi et dit : « Vous sentez merveilleusement bon. » Je souris, je prends un deuxième verre de champagne. J'ai gardé ma combinaison. Il n'a pas compris qu'il faut aussi l'enlever. Je me tiens debout au milieu de la pièce. La moquette ondule doucement sous mes pieds. J'enlève ma combinaison noire, lentement, avec une grande volupté. Je suis là, revêtue seulement des plus beaux sous-vêtements du monde, je suis la plus belle statue de l'univers. Il me regarde avec admiration et un très grand désir. Il m'observe un moment et je reste debout longtemps dans la caresse infinie et merveilleuse du courant d'air chaud. Puis il vient vers moi en conquérant et me serre très fort contre lui. Je m'arrache à la chaude étreinte de ses bras. J'attrape au vol ma robe, ma combinaison et mes chaussures et je m'enfuis en courant dans le couloir. Au rez-de-chaussée, je vais aux toilettes. Heureusement personne ne m'a vue, je m'habille dans un état de grand bonheur, je me sens extraordinairement heureuse. Je me poudre encore un peu les joues, je mets du rouge à lèvres et je passe tout à fait détendue devant l'employé du vestiaire qui garde tout son sérieux. Il me tend mon manteau de fourrure avec un geste de déférence. Je vole hors de l'hôtel et monte en bâillant un peu dans le premier taxi venu.

L'HOMME est assis dans un fauteuil simili-cuir dans la salle de séjour. Une lumière au néon éclaire vivement la pièce. Sur le mur, derrière lui, des objets en porcelaine couverts de poussière sur des rayonnages en bois précieux. Ils font concurrence, en vain, à l'image brutale qui apparaît sur le petit écran. Il est une heure du matin. L'homme regarde la télévision. Un rayon de lumière rouge entre par la fenêtre, vient frapper le mur, glisse par l'entrebâillement de la porte vers le tableau accroché au mur, une mauvaise peinture commerciale. L'homme change de position mais il sent que ses muscles sont toujours aussi tendus. Il saisit la télécommande qui se trouve sur le sol et commence à zapper. Il change de chaîne sans cesse jusqu'à ce que sur l'écran apparaisse une femme noire qui s'enfonce dans le vagin un concombre d'un mètre de long. L'homme saisit dans sa main son organe mou et le caresse doucement. Sur l'écran, le visage de la femme a une expression de jouissance délicieuse. Sa bouche fait ooh, ooh. L'homme sent son sexe mou se durcir à travers le tissu du pantalon de survêtement. En l'espace d'un instant il a atteint sa taille maximale. L'homme avale sa salive de plaisir en jetant un rapide coup d'œil sur la porte de la chambre à coucher. La porte est blanche et elle est fermée. L'homme détourne la tête et se replonge dans la télé. Son regard se fixe sur les énormes seins de la femme noire. L'homme fourre la main dans son pantalon et attrape son sexe dur comme du bois, le frotte contre son ventre en jetant toujours un coup d'œil sur la porte de la chambre à coucher. La femme noire est en train de s'enfoncer le dernier centimètre de concombre et gémit. Le visage de l'homme est agité de grimaces rapides, qui suivent le rythme de son sexe. Il a l'air d'avoir peur de quelque chose. Le fauteuil en simili-cuir grince doucement. Sur l'écran, il n'y a plus de femme noire. On voit un homme blanc qui marche dans la jungle inextricable quelque part en Afrique. L'homme tasse son sexe mou et mouillé. Il le remet dans son pantalon, suspend un instant sa respiration et appuie sur la télécommande pour éteindre la télévision. Il reste encore un moment assis dans le fauteuil. Il se sent calme, tous les muscles sont détendus, du cerveau jusqu'aux talons. La lumière rouge n'éclaire plus le tableau, elle se rapproche du fauteuil. L'homme bâille longuement, se caresse doucement le ventre et la poitrine, mous et flasques sous sa main. Il se lève, se dirige vers la porte de la chambre à coucher, l'ouvre avec prudence et disparaît dans l'obscurité de la pièce où règne la fraîcheur de l'été.

J'AI PRIS un vol à tarif réduit pour Helsinki et je me suis acheté immédiatement un homme à l'aéroport. L'homme avait les yeux marron et de larges épaules. En ce qui concerne le ventre, il était peut-être un peu trop gros. Le visage avait l'air agréable et une expression enfantine. Il n'était pas tout à fait ce que j'aurais souhaité, mais c'était un homme en tout cas. Nous sommes allés à l'hôtel et on peut dire que j'en ai vraiment eu pour mon argent. Je lui ai fait faire tout ce que j'ai voulu. On a fait l'amour dans toutes les positions : sur le dos, à quatre pattes, par-derrière, appuyée sur la table en équilibre avec les mains, assise sur le canapé, debout contre le mur. Après je l'ai payé, je lui ai même encore donné vingt marks parce qu'il avait été très bien et je lui ai dit de s'en aller. J'ai pris un bain moussant bien chaud, j'ai commandé des journaux féminins et une bouteille de mousseux. J'ai lu les journaux et j'ai vidé lentement la bouteille. Je me suis habillée et je suis allée assister à un séminaire au Village technologique de l'université à Otaniemi. Je suis restée là deux heures, j'ai inscrit mon nom sur la liste et j'ai souri au chef du service commercial. Je suis allée au théâtre. Après le théâtre, je suis allée prendre un drink au night-club. J'ai dormi dans le lit à deux places, vaste et doux.

Le lendemain matin, j'ai pris l'avion pour rentrer à la maison et j'ai dit à mon mari que le voyage s'était passé normalement, un voyage de routine, comme d'habitude, et il m'a crue.

JE ME SUIS LEVÉ cette gonzesse au bar du restaurant Fennia. Parce qu'elle avait un T-shirt de Valintatalo, qu'on pouvait voir ses seins et qu'elle portait une jupe vieille et usée. Elle m'a emmené chez elle et elle m'a traité comme un chien d'une exposition canine qui a remporté la médaille d'or, comme si j'étais un héros, mais c'est vrai que je le mérite, je suis un vieux cow-boy de la ville, moi, et je l'ai bien gagnée, ma gonzesse. Il a fallu que je me défonce, que je supporte tout ce qu'il y a de plus dur dans la vie, j'ai tout fait et même plus que tous les gars de Hangonniemi. Je suis un vrai dur. J'ai dormi dans des hôtels pourris où y en a pas beaucoup qui accepteraient de roupiller. Je suis resté assis pendant des années toujours dans les mêmes bars enfumés qui puent la bouffe et la graisse cuite que c'est à vous faire dégueuler et je me suis descendu un de ces paquets de bouteilles de bière, je sais même plus combien. J'ai dormi avec les bottes aux pieds l'été dans le parc Synebrychoff et je me suis enfilé des dizaines de hamburgers dans des tas de gares abandonnées. J'ai violé des petites filles dans le jardin de Kaisaniemi même quand il gelait à pierre fendre comme c'est pas possible dans le Sud. Pour tout ça, j'ai bien gagné une femme qui me donne un peu de tendresse et qui s'occupe de moi. Seize semaines, ça suffit pour vous retaper un homme, même un qui serait complètement foutu. En un rien de temps il se retrouve sur pied et il peut reprendre la route. C'est comme ça que je suis reparti, les poches pleines de fric, le sac au dos, bourré de la bouffe qu'elle m'avait bien préparée. Et elle était là, cette femme avec ses trois mômes, ils étaient tous là, tout heureux à me regarder partir et à agiter leur mouchoir pour me dire au revoir, là-haut, sur le beau balcon, au cinquième étage de l'immeuble, chez nous en Finlande.

JE SUIS FATIGUÉ des hommes et du monde. J'en ai assez de toute cette agitation futile et vaine, des courtiers en Bourse qui crient comme des loups féroces, des jeunes employés de banque innocents et des agents d'assurances qui présentent toujours de nouvelles exigences.

Les hommes sont assis en silence sur un petit canapé de cuir noir dans une grande pièce très lumineuse. De l'autre côté de la rue, les gratte-ciel de Manhattan poussent en ligne droite, claire et nette. Ils se dressent vers les nuages qui s'étirent dans le ciel.

– Là-bas, j'ai vécu déjà une première vie, ici j'en ai commencé une autre. Là-bas, il y avait trop de choses, ici il n'y en a pas assez et c'est bien. Quand je suis arrivé ici, j'ai loué cette chambre d'hôtel et j'ai décidé de n'aimer que moi-même. Je n'ai envoyé mon adresse à personne. Je suis parvenu à vivre complètement isolé, en dehors du monde et je suis plus heureux que jamais. Les hommes et le monde restent loin de moi et cette étrangeté me donne un sentiment de sécurité.

L'homme qui vient de prononcer ces mots porte un costume bleu. Il se lève et va se placer près de la fenêtre. Il regarde longtemps la rue, en bas, les lampadaires, les panneaux publicitaires qui projettent leur lumière sur la foule pressée. On voit des Noirs qui cherchent des journaux pour s'en faire des couvertures, des freaks qui s'enfoncent des seringues dans les veines.

– Là-bas, j'ai essayé de satisfaire à toutes les exigences qu'on pouvait présenter. Je me consacrais entièrement à mon travail, j'essayais d'être toujours parfait comme mari, amant, père de famille et même la nuit pendant mon sommeil. Un homme ne peut pas vivre comme ça éternellement. C'est pour cette raison que je suis venu ici.

Les hommes portent un toast en l'honneur de leur amitié et sourient d'une manière un peu contrainte. Dans la chambre d'hôtel bien climatisée on n'entend que le ronronnement régulier de l'air conditionné. L'homme au costume bleu déboutonne le col de sa chemise et défait le nœud de sa cravate. Il sent à quel point sa maison lui manque et aussi les bras de sa femme et la table du petit déjeuner.

– Ici tout ce que je donne me revient. Je me sers et je m'adore de la même manière dont je servais et j'adorais autrefois ceux qui étaient disposés à tout prendre, mais ne voulaient rien donner.

L'homme en costume bleu éprouve l'angoisse de son existence et aussi un vide sans fin. L'espace d'un instant, il pense à la vie qu'il aurait voulu vivre. Il jette un léger coup d'œil aux hommes présents et tousse sèchement.

– Un jour, moi aussi, commence-t-il, mais soudain les mots se brisent sur ses lèvres.

Un des hommes qui est dans la pièce a les yeux rivés sur la moquette blanche. Soudain, il lève les yeux, saisit la télécommande, effleure légèrement un bouton et se plonge dans le match de football.

LA JEUNE FILLE est assise dans la cuisine, elle fait une jolie moue, lèvres sensuelles. Je n'ai même pas le temps de rentrer dans la pièce qu'elle me saute dessus. Je me fourre tout de suite dans la tête que c'est justement cette belle blonde, rose et fraîche, dont j'ai toujours rêvé et que c'est elle que je veux dans cette soirée. Elle me raconte qu'elle vient d'une petite ville à la campagne. Elle a la peau rose et la taille mannequin. Elle veut bien aller dîner quelque part dans un restaurant cher. Je suis tous ses désirs et c'est moi qui paye l'addition. Ensuite, elle veut aller dans mon appartement pour admirer la vue sur la mer et elle appelle un taxi à mettre sur ma note de frais, bien évidemment. Sur la banquette arrière, elle se tortille dans tous les sens et se frotte contre moi, la tête doucement posée sur mon épaule en poussant des cris de petite jouisseuse excitée comme une petite minette de la campagne. Elle me boit mon whisky, fume mes dernières cigarettes. Elle arrête le disque sur la platine juste au moment où je veux écouter mon tube préféré. Elle commence à tripoter n'importe comment tous les appareils ménagers dans la cuisine. Elle plonge son doigt dans le pot de caviar et le dévore tout entier. Elle se vautre sur le canapé en cuir dans sa petite mini-jupe rouge. Elle paraît bien excitée. Au moment où elle ouvre mollement la bouche et exige que je la porte dans le lit-piscine pour faire l'amour, je me sens complètement froid. Je lui dis ça te suffit pas, espèce de petite connasse, que j'ai casqué tout mon fric pour toi, tu me prends pour un homme-objet ou quoi. Je l'oblige à s'asseoir dans la position du lotus et à rester comme ça pendant neuf heures d'affilée et je lui balance une bonne leçon de taoïsme. Ça lui passe complètement au-dessus, avec sa petite cervelle d'oiseau et sa taille mannequin, mais je la laisse pas partir. Après tout le fric que j'ai craché pour cette gonzesse, j'ai bien le droit de prendre mon pied moi aussi. Le lendemain je la laisse partir à une heure de l'après-midi. Elle est complètement nase, paniquée, elle court comme une folle vers l'arrêt de bus comme si elle avait un violeur au cul.

Je la vois qui se retourne vers moi et elle me crie qu'elle a jamais vu de sa vie un mec aussi sado.

JE SUIS SORTI de taule vendredi matin. J'ai pu avoir un billet pour Helsinki et je me pointe aussi sec à la gare. C'était un peu avant midi. Je monte dans le tram qui va au dépôt de Mannerheimintie. Je me dégotte une Mercedes super dernier modèle et je la prends, question de l'essayer un peu. Direction Vuosaari. L'appart de Paula. Je rentre, j'ai la clef. Je saute sur le frigo et je m'enfile un carton de lait à toute berzingue. J'appelle Paula au boulot. Elle a deviné tout de suite que je suis à Vuosaari. Elle saute dans un taxi et la voilà qui rapplique rapidos. On se boit du café, Paula prépare des sandwichs chauds et on se tape une baise dans le fauteuil. Paula glousse comme une poule, comme elle fait toujours quand elle me voit. Ça fait une paye qu'on n'a pas été ensemble, au moins trois mois, ça se voit. Je bande comme un fou, elle aussi, elle mouille super. Paula fout dans un sac ses slips, ses soutiens-gorge et une robe du soir noire. Elle est assise à l'avant fière comme un paon. Je mets les gaz à fond la caisse. Elle adore la bagnole que j'ai chouravée. Elle aime les super bagnoles, les grosses bagnoles blanches. On va au Casino de Katajanokka. Je regarde que personne nous surveille. Je saute par la fenêtre de la cuisine et je vais jeter un coup d'œil derrière le comptoir. Je commence à piquer tout ce que je peux, vingt bouteilles de whisky, je vais en prendre encore une dizaine en rab dans la chambre froide. Et puis des bouteilles de Bacardi, du rhum, du cognac, une caisse pleine de bières légères, quatre autres caisses de bières fortes et pour Paula une boîte de crackers, des finncream qu'elle aime bien. Je les jette dans la bagnole et on fout le camp direction Lohja. Le soleil nous brûle la peau. Ça nous fait jouir super magnum. Il gèle même pas des masses et on se prend le périph direct jusqu'au plus bel hôtel qu'on a repéré. On se tape des chateaubriands avec de la purée de potatoes. On s'est pris une bouteille dans la poche de la veste et ça carbure super. Je suis libre, j'ai la gonzesse la plus chaude de toute la terre, une bagnole super belle et le coffre baigne dans la gnôle. On roule pleins gaz sur Turku, on se prend une suite dans l'hôtel super-luxe Seurahuone. On se monte une bonne partie des bouteilles et on se les débouche vite fait. On s'éclate, c'est le super pied au paradis de mes amours. Je m'enfile du Napoléon et Paula du Bacardi et du Pepsi. On baise comme des chiens, par-devant, par-derrière, on s'enfile dans toutes les positions, on bouffe et on baise. Paula, elle a un de ces corps, foutument bien balancée et des nibards, c'est pas des œufs au plat, je dirais plutôt que c'est des super balcons. Le lendemain matin, à fond la gomme vers Jyväskylä, on n'a pas arrêté de s'enfiler la ruche avec des bouteilles pendant tout le trajet et j'ai gardé tout le temps le pied au plancher. Cent quatre-vingts au compteur mini. Paula gloussait comme une poule. À Jyväskylä on a pris une chambre à l'hôtel Cumulus, mais là on n'est pas restés plus de deux heures. J'ai baisé Paula encore un coup, on a mangé et à fond la caisse vers Oulu. Quand on a débarqué, on était bourrés comme des cochons. J'ai garé la tire dans le parking juste devant l'entrée principale de l'hôtel Vaakuna et on file droit au neuvième étage. Là on commande au maître d'hôtel ce qu'il peut y avoir de mieux et on s'endort avant même qu'il ait eu le temps de nous apporter quelque chose. Dimanche on a mis toute la gomme pour rentrer à Helsinki. Paula a vu que son compte Visa était à sec : elle avait craqué plus de dix sacs. Je me suis dit que maintenant y avait plus qu'à revendre la bagnole. J'ai foncé sur Lehtisaari et je l'ai vendu, mon trésor, mon beau rêve blanc. Fini. J'en ai pas tiré grand-chose, mais quand même cash. Quelle ordure celui-là, il l'a eu pour que dalle et il a même pas demandé les papiers. Il l'a seulement acheté parce que ça lui coûtait que dalle à banquer et faut dire qu'on était déjà foutument défoncés avec tout ce qu'on s'était descendu au bar du restau où on avait commencé à discuter l'affaire. Il l'a eu vraiment pour rien, mais moi je suis pas un lèche-cul. J'aide les potes quand ils sont dans la merde et c'est pas un businessman qui va me faire croire qu'il a besoin que d'un seul beau rêve blanc de bagnole. On a pris l'avion avec Paula pour Joensuu et je l'ai vraiment baisée à fond, la gonzesse. Avec les nichons qu'elle se paye, je vous dis, de vrais balcons. Après c'était samedi matin et Paula a dû rentrer au boulot à Helsinki. Moi, je suis resté à glander et à traîner mes baskets à Joensuu la journée et le lundi soir j'ai repris l'avion pour Helsinki. Les flics étaient là à l'aéroport pour l'accueil. Bon, je m'en foutais, mais je me suis dit tiens comment ça se fait et puis je me suis pas fatigué les méninges pour ça et je les ai suivis, ils avaient leurs raisons pour m'emmener dans le panier à salade à Pasila, non? J'y suis resté quelques jours. Je me sentais vraiment complètement foutu, out, tirez-vous les mecs. Avec Paula, on baisait au moins quinze fois de suite dans la journée, je lui en remettais un coup à chaque fois et je bandais comme un taureau. La vache, je pouvais jamais roupiller, pratiquement. Une fois bouclé en cabane j'ai pu dormir un peu et j'ai commencé à me détendre au trou. Après, Paula est venue me voir et elle m'a raconté comment je m'étais fait avoir. En fait, au départ tout avait marché comme sur des roulettes, OK sur toute la ligne, sauf que j'avais oublié les bouteilles dans cette putain de saloperie de bagnole. Quand cet enculé qui me l'a achetée, soûl qu'il était encore de la virée de la veille, a ouvert le coffre et qu'il a vu cette armada d'alcool, il s'est dit que j'avais dévalisé tout l'arsenal de la ville de Tornio. Il était pas resté trop longtemps à se poser des questions et il avait bigophoné illico aux flics pour les prévenir qu'y avait un petit connard qui avait rien trouvé de mieux que remplir sa caisse d'alcool pendant la nuit. Il avait une de ces gueules de bois à vous tordre les boyaux et quand il a vu tout cet alcool, il a pas pu encaisser, le remords, quoi, il se trouvait nul, dégueu. Pouvait plus supporter de voir une bouteille de gnôle. On a trouvé partout des traces de doigts de moi et puis de Paula. Ils ont pris leurs clés et ils sont allés chez Paula. Elle était à la maison bien sûr, à roupiller et je peux vous dire que quand les flics ont débarqué au début de la soirée, elle avait le vagin sacrement en bouillie avec tout ce qu'on avait baisé. Ils ont pris le sac à main de Paula et ils ont bien pigé la combine, notre trip quoi. C'était facile à voir avec les billets d'avion Joensuu-Helsinki. On s'était payé un beau week-end. Paula, elle a encore tiré un coup avec un flic quand elle est venue à Pasila. Mais je vous dis que c'est pas parce qu'on m'a bouclé ici qu'on va me foutre les jetons. Je me déballonne pas devant les flics, moi, j'encaisse, et puis c'est tout. On a bien décidé avec Paula de remettre ça dès que je sortirai de leur saloperie de taule.

SUR LA TABLE de nuit une lampe de chevet éclaire en diagonale le lit à deux places. La femme est grosse, elle est étendue nue, au milieu du lit. L'homme pose la bouteille de bière vide sur le sol et se laisse tomber de tout son poids sur la femme. Elle étouffe. En faisant un effort elle parvient à se dégager et murmure quelque chose d'inaudible. L'homme se tourne sur le dos et regarde la femme, ses gros bourrelets de graisse, sa peau vieillie, son ventre énorme.

– Tu veux comment ?

La femme reste un long moment silencieuse, sans faire un mouvement

– Si je venais sur toi ?

– Non, je veux pas.

L'homme se met sur le côté et lui tourne le dos.

La femme allume une cigarette, avale trois ou quatre bouffées et pose la cigarette sur le bord du cendrier. Le mégot brille rouge incandescent dans l'obscurité de la pièce.

– Bon, si tu veux pas, dit la femme en fermant les yeux.

– Moi, je voudrais bien qu'on le fasse sur le côté, dit l'homme d'une voix plaintive.

La femme tourne la tête et quand elle voit les boutons d'acné sur le dos gras de l'homme, elle ressent un profond dégoût.

– Non, je veux pas, dit la femme et elle s'enfouit sous la couverture.

L'homme se retourne, plonge la main dans les replis boudinés du ventre de la femme, la serre contre lui et chuchote.

– Par-derrière, comme d'habitude?

La femme sourit, elle écrase son mégot dans le cendrier et se retourne, offrant à l'homme ses fesses énormes juste à la hauteur du sexe.

C'EST LE DÉBUT de l'été qui arrive et y a encore rien de fait. Les sacs d'engrais, ils s'empilent dans l'étable et j'ai même vu que la pluie elle en a même crevé plusieurs des sacs plastique, même que du salpêtre y en a plein l'étable et dur comme de la pierre. Y sont foutus maintenant nos sacs et tout l'engrais, il est perdu, tout ça la faute au vieux parce qu'il a pas encore eu le temps d'y faire. L'a même pas été foutu d'accrocher la semeuse au tracteur pour aller sur le champ. C'était déjà le début mai quand il a commencé à se biturer et il a continué à se soûler encore tout le juin. Tout est resté en plan là comme ça et c'est moi qu'ai dû tout me coltiner, à trimer comme un bœuf, réparer les poteaux de la clôture, installer les fils de fer barbelé, planter les pommes de terre. Pire qu'une esclave. Le pire de tout, c'est qu'il allait pas boire toutes ces saloperies avec les autres hommes du village, fallait qu'il fasse ça chez nous. Quand j'étais à traire les vaches, il restait là dans l'étable, à rien faire, le cul sur un sac de patates à gémir sur tous ses malheurs et quand je faisais le pain, il était là derrière mon dos, il me lâchait pas, à toujours parler que de sa mort, que la gueuse allait passer. Moi je lui ai dit plein de fois écoute maintenant ça suffit, t'arrêtes de gobelotter tout le temps un coup par-ci un coup par-là, de gémir et te plaindre tout le temps, autrement je vais t'esquinter, moi. Mais y avait rien à faire. Tout ce qu'il savait, c'était gueuler comme un veau que c'est lui le maître ici, que c'est lui qui commande et que moi la vieille j'ai intérêt à fermer ma gueule et à filer droit ou autrement ça ira mal. Il était comme ça, vous comprenez, il cognait pas, mais il criait, il criait, que ça me donnait mal à la tête, toujours les mêmes histoires, des histoires d'ivrogne, vous comprenez, ça n'avait ni queue ni tête tout ça, il divaguait, c'est tout. Je me suis dit que ça pouvait pas durer comme ça, c'est pas une vie, autant mourir tout de suite. J'ai beau être qu'une bonne femme. J'en ai dans le ventre et c'est pas vrai qu'on peut nous traiter comme le fumier pendant des années toujours et on dit jamais rien, on n'est pas des sacs de farine et y a pas à nous secouer comme ça. Je lui ai dit maintenant t'arrêtes ou ça va finir mal. Il faisait seulement que rigoler, se foutre de ma gueule et il m'a dit ferme-la et va te coucher. J'ai fait ni une ni deux, je suis allée décrocher le fusil à l'élan, et y avait plus qu'à tirer, j'appuie sur la gâchette et il tombe mort, voilà c'était fini. Il était là tout mort, il a même pas agité un peu les jambes, rien. Y avait du sang partout. J'ai commencé à me dire est-ce que je commence par nettoyer tout le sang ou est-ce que j'appelle le commissaire. J'ai décidé que je commence par tout nettoyer parce que ce serait quand même une honte de faire venir les gendarmes quand tout est sens dessus dessous. Je suis allée à l'étable et j'ai ramené plein de seaux, des solides, et j'en ai rempli un paquet de seaux, enfin, j'ai pu tout nettoyer. J'ai commencé aussi à penser à mes petits gars, qu'est-ce qu'ils vont dire quand ils vont rentrer de nager et s'ils se mettent à jouer dans ce sang-là, c'est pas des choses à faire. J'ai nettoyé beaucoup, j'en ai rempli des seaux et des seaux et toutes les saletés je les ai vidées sur le tas d'ordures, pour que l'eau du puits, elle soit pas souillée. Quand j'ai eu tout lessivé, le mieux que je pouvais, j'ai commencé à effacer les plus grosses taches de sang du vieux, je lui ai enlevé le pull, faut dire qu'il était dégoulinant de sang. Après, j'ai posé le fusil à côté de la porte et j'ai appelé au village. Je leur ai dit comme ça que les gendarmes, ils doivent venir et le commissaire aussi avec une voiture pour le corps parce qu'y a un mort ici. Ils ont demandé tout de suite le corps de qui. J'ai dit du vieux. Ils ont pas demandé plus, ils m'ont seulement dit d'attendre et surtout de pas bouger. J'ai attendu. C'était déjà trois heures, fallait que je commence à préparer à manger pour mes gars. J'ai mis un peu de lard à cuire avec un peu de viande et des petits pois frais, je les avais déjà mis à tremper le matin. J'ai fait le manger, la vaisselle du petit déjeuner et c'est là que le commissaire est arrivé. J'ai sorti un bon pain brioché du congélateur pour qu'il dégèle un peu. Quand mes gars, ils sont arrivés, c'est l'aîné qu'est rentré le premier. Il s'arrête comme ça tout d'un coup près de la porte.

– Sacré nom de Dieu qu'est-ce que c'est qu'est là par terre ?

J'ai dit eh ben tu vois c'est le vieux taureau, il a claqué de sa rage et c'est tout. Mon gars a hoché la tête comme si ça lui faisait un soulagement, l'air de dire enfin on sera plus tranquilles. Il est passé par-dessus le corps du vieux et il a commencé à manger. Il avait sûrement rudement faim, après tout ce qu'ils avaient dû jouer et nager dans le lac. Le plus jeune, il est venu derrière mais il a rien dit, peut-être qu'y pensait que le vieux il tirait sa cuite comme d'habitude. On a mangé, j'ai fait la vaisselle, encore, j'ai mis le couvert pour le commissaire, je suis allée donner à boire aux veaux et du foin aux bêtes. C'était presque le soir quand le commissaire est arrivé avec un gendarme, mais y avait pas de voiture pour le mort. Je leur ai demandé en premier où c'est que vous allez donc mettre le mort si y a pas de corbillard. Ils m'ont dit que j'avais pas à m'en faire, qu'on trouverait bien une place pour le mettre à l'arrière de la voiture, le corps. Qu'il avait pas besoin de corbillard. On est rentré dans la maison. Mes gars étaient dans la chambre à regarder la télé, j'ai fait du café et avec les gendarmes on a fait un brin de causette. Ils m'ont demandé comme ça comment ça va les semis et le grain et puis moi, je leur ai tout déballé à ces messieurs du village, que les semis ils auraient dû être faits depuis belle lurette, c'est sûr, mais qu'avec ce fainéant-là, y avait rien moyen de faire, que ça faisait bien deux mois qu'on aurait dû s'y mettre. Après j'ai commencé à faire ma valise et à préparer les affaires pour envoyer mes gars chez la mémé, mais alors les gendarmes sont venus dans la chambre et ils m'ont dit arrête de faire tes paquets comme ça, on s'occupe de ça nous autres, t'as pas à te faire de mouron. Pour ça j'étais rudement contente, y avait pas besoin d'envoyer mes gars chez la mémé ni de commander un fourgon à bestiaux, de ceux pour mener les bêtes à l'abattoir. Je leur ai offert une troisième tasse de café et c'est drôle comme on se sentait bien tout d'un coup, comme ragaillardis presque.

– Peut-être bien que je pourrai encore me trouver un gars pour la ferme. Un homme quoi.

Le commissaire est allé chercher dans sa voiture un gros sac en plastique, de ceux où on jette les ordures. Ils ont foutu le corps là-dedans et hop ils l'ont jeté dans le coffre de la voiture, ni une ni deux Ils ont laissé tomber le sac et puis voilà. On a même pas entendu du bruit, même pas un plaf, quand le corps a glissé dedans le sac. Mes gars, ils sont même pas venus voir, peut-être qu'ils préféraient regarder le programme à la télé. Une fois dehors, je leur ai demandé s'ils voulaient emmener l'arme avec eux mais ils ont dit que non, ils avaient pas besoin de l'emmener. La semaine d'après on a fait l'enterrement, on l'a mis dans la terre et personne a rien demandé d'autre. C'est la première semaine de juillet et avec mes gars on a commencé les foins, même si on a pas pu en avoir beaucoup vu qu'y avait pas suffisamment d'engrais pour bien ensemencer notre terre.

Collection Motifs

1 - Martin Amis, *Le Dossier Rachel*

2 - Émile Ollivier, *Mère-Solitude*

3 - Marina Warner, *Un père égaré*

4 - Sergi Pàmies, *Aux confins du fricandeau*

5 - Margaret Atwood, *Faire surface*

6 - Patrick Boman, *Le Palais des Saveurs-Accumulées*

7 - Edilberto Coutinho, *Onze au Maracanã*

8 - Albert Londres, *Terre d'ébène*

9 - Wilson Harris, *Le Palais du paon*

10 - Velibor Colic, *Les Bosniaques*

11 - Kenji Miyazawa, *Traversée de la neige*

12 - Albert Londres, *Pêcheurs de perles*

13 - Timothy Findley, *Guerres*

14 - Quim Monzó, ... *Olivetti, Moulinex, Chaffoteaux et Maury*

15 - James Purdy, *Je suis vivant dans ma tombe*

16 - Albert Londres, *Le Chemin de Buenos Aires*

17 - Lygia Fagundes Telles, *Un thé bien fort et trois tasses*

19 - Còstas Hadziaryìris, *Le Peintre et le Pirate*

20 - Benjamin Tammuz, *Le Minotaure*

21 - Kenji Miyazawa, *Train de nuit dans la voie lactée*

22 - Albert Londres, *Marseille, porte du Sud*

23 - Jean Galmot, *Un mort vivait parmi nous*

24 - Abdourahman A. Waberi, *Le Pays sans ombre*

25 - Marcel Rouff, *La Vie et la passion de Dodin-Bouffant, gourmet*

27 - Raymond Cousse, *Stratégie pour deux jambons*

28 - James Purdy, *Chambres étroites*
29 - Jean Galmot, *Quelle étrange histoire*
30 - Adam Shafi Adam, *Les Girofliers de Zanzibar*
31 - Velibor Colic, *Chronique des oubliés*
32 - Marcel Rouff, *Les Devoirs de l'amitié*
33 - Octave Mirbeau, *Contes de la chaumière*
34 - Timothy Findley, *Le Dernier des fous*
35 - Saintine, *Picciola*
36 - Lygia Fagundes Telles, *L'Heure nue*
37 - Albert Londres, *Tour de France, tour de souffrance*
38 - Natsume Sôseki, *Botchan*
39 - Emmanuel Dongala, *Jazz et vin de palme*
40 - Claude Tillier, *Mon oncle Benjamin*
41 - Kjell Askildsen, *Les dernières Notes de Thomas F.*
42 - Reinaldo Arenas, *Adiós a Mamá*
43 - Albert Londres, *La Chine en folie*
44 - Albert Londres, *Chez les fous*
45 - Albert Londres, *Les Comitadjis*
46 - Olivier Saison, *Lux*
47 - Octave Mirbeau, *Dingo*
48 - Mats Wägeus, *Scène de chasse en blanc*
49 - Marcel Rouff, *Au grand Léonard*
50 - Théo Varlet, *Le Roc d'or*
51 - Nkem Nwankwo, *Ma Mercedes est plus grosse que la tienne*
52 - Aminata Sow Fall, *Le Jujubier du patriarche*
53 - Moacyr Scliar, *Le Carnaval des animaux*
54 - Dritëro Agolli, *L'Homme au canon*
55 - Georges Darien, *Biribi*
56 - Hasse Bildt Lindegren, *Le Maraudeur*
57 - Richard Lesclide, *La Diligence de Lyon*
58 - Gaston Leroux, *L'Agonie de la Russie blanche*
59 - Albert Londres, *Au bagne*
60 - Étienne Goyemidé, *Le Dernier Survivant de la caravane*
61 - Iouri Mamléiev, *Chatouny*
62 - Albert Londres, *Le Juif errant est arrivé*

63 - Dany Laferrière, *Le Charme des après-midis sans fin*

64 - Kenji Miyazawa, *Le Diamant du Bouddha*

65 - John Hawkes, *Le Gluau*

66 - Yotam Reuveny, *Du sang sur les blés*

67 - Albert Londres, *Dante n'avait rien vu*

68 - Lygia Fagundes Telles, *La Structure de la bulle de savon*

69 - José Donoso, *Ce Lieu sans limites*

70 - Carmen Boullosa, *Duerme, L'Eau des lacs du temps jadis*

71 - Arturo Uslar Pietri, *Les Lances rouges*

72 - Dany Laferrière, *Pays sans chapeau*

73 - Ook Chung, *Nouvelles orientales et désorientées*

74 - J.-M. Coetzee, *Au cœur de ce pays*

75 - Natalia Ginzburg, *La Mère*

76 - Hilda Hilst, *Contes sarcastiques*

77 - Guillaume Clémentine, *Le Petit Malheureux*

78 - Yanagita Kunio, *Les Yeux précieux du serpent*

79 - Hwang Sun-Won, *La Petite Ourse*

80 - Caroline Lamarche, *J'ai cent ans*

81 - Albert Londres, *L'Homme qui s'évada*

82 - John Cheever, *Falconer*

83 - Abdourahman A. Waberi, *Cahier nomade*

84 - Nathalie Kuperman, *Le Contretemps*

85 - Earl Lovelace, *La Danse du dragon*

86 - Gisèle Pineau, *La Grande Drive des esprits*

87 - Henri-Frédéric Blanc, *Le Lapin exterminateur*

88 - Romesh Gunesekera, *Récifs*

89 - Dany Laferrière, *Comment faire l'amour avec un nègre sans se fatiguer ?*

90 - Ivo Andric, *Omer pacha Latas*

91 - Amin Zaoui, *Sommeil du mimosa* suivi de *Sonate des loups*

92 - Lydia Lunch, *Paradoxia*

93 - Abdulrazak Gurnah, *Paradis*

94 - Trevor Ferguson, *Train d'enfer*

95 - Margaret Atwood, *La Petite Poule rouge vide son cœur*

96 - Raharimanana, *Lucarne*

97 - Roland Bechman, *L'Arbre du ciel*

98 - Ciril Kosmac, *La Ballade de la trompette et du nuage*
99 - Helen Simpson, *Quatre jambes nues*
100 - Dany Laferrière, *Le Cri des oiseaux fous*
101 - Jennifer Johnston, *Un homme sur la plage*
102 - Nuruddin Farah, *Territoires*
103 - Tayama Kataï, *Futon*
104 - Timothy Findley, *Nos adieux*
105 - Florise Londres, *Mon père*
106 - Mickael Korvin, *New Age Romance*
107 - Iggy Pop, *I need more*
108 - Nick Cave, *Et l'âne vit l'ange*
109 - Natsume Sôseki, *À l'équinoxe et au-delà*
110 - Raphaël Confiant, *Mamzelle Libellule*
111 - Nuruddin Farah, *Née de la côte d'Adam*
112 - Emmanuel B. Dongala, *Les petits garçons naissent aussi des étoiles*
113 - Dany Laferrière, *La Chair du maître*
114 - Paul Bailey, *Pension Jérusalem*
115 - Nangala Camara, *Le Printemps de la liberté*
116 - N. D. Cocea, *Le Vin de longue vie*
117 - Joost Zwagerman, *La Chambre sous-marine*
118 - Dorothy West, *Le Mariage*
119 - Jennifer Johnston, *La Femme qui court*
120 - Mongo Beti, *Remember Ruben*
121 - Émile Ollivier, *Passages*
122 - Amin Zaoui, *La Soumission*
123 - Monique Ilboudo, *Le Mal de peau*
124 - Aminata Sow Fall, *La Grève des bàttu*
125 - Monika Maron, *Le Malentendu*
126 - Theodor Fontane, *Ellernklipp, la roche maudite*
127 - Ivo Andrić, *Titanic et autres contes juifs de Bosnie*
128 - Inoué Yasushi, *Une voix dans la nuit*
129 - Andrew Crumey, *Pfitz*
130 - Rosa Liksom, *Noir Paradis*
131 - Anthony Burgess, *La Folle Semence*
132 - Philippe Thirault, *Lucy*

Impression réalisée sur CAMERON par

BUSSIÈRE CAMEDAN IMPRIMERIES

GROUPE CPI

à Saint-Amand-Montrond (Cher)
en avril 2001

Dépôt légal : mai 2001.
Numéro d'impression : 012156/1.

Imprimé en France